Bernard King

Die Runen

EDITION ROTER LÖWE

Der rote Löwe verkörpert die belebende, antreibende
Energie von Sulfur, einem der Grundelemente im alchi-
mistischen Transmutationsprozeß. Sulfur ist die Kraft,
die verändert, veredelt und auf eine höhere Ebene bringt.
Ziel dieser Edition ist es, esoterisches Wissen und Er-
kenntnisse aus der transpersonalen Psychologie verständlich und komprimiert darzustellen und damit ganz
persönliche Wandlungsprozesse in Gang zu bringen.
Alle Bücher enthalten Übungen und Anleitungen für die
praktische Arbeit.

In derselben Reihe:
Alchimie
Astrologie
Buddhismus
Die Chakras
Die Göttin
Der Gral
Die Kabbala
Naturmagie
Pendeln
Psychosynthese
Ritualmagie
Sufi-Praxis
Taoismus
Visualisieren
Zen

Bernard King

DIE RUNEN

93/94

Edition Roter Löwe im
AURUM VERLAG · BRAUNSCHWEIG

Die englische Originalausgabe erschien 1993 unter dem
Titel »The Elements of The Runes« im Verlag Element
Books Ltd., Longmead, Shaftesbury, Dorset.

Ins Deutsche übersetzt von Ralph Tegtmeier.

Gesamtgestaltung: Sabine Schönauer-Kornek.

Die Deutsche Bibliothek - CIP-Einheitsaufnahme

King, Bernard.:
Die Runen / Bernard King. (Ins Dt. übers. von Ralph
Tegtmeier]. – Braunschweig : Aurum-Verl., 1994
(Edition Roter Löwe)
Einheitssacht.: The elements of the runes <dt.>.
ISBN 3-591-08359-3

1994
ISBN 3-591-08359-3
© 1993 Bernard King
© der deutschen Ausgabe
1994 Aurum Verlag GmbH, Braunschweig
Gesamtherstellung:
Chemnitzer Verlag und Druck GmbH, Werk Zwickau

Inhalt

1939

Dieses Buch ist dem Gedenken
Egil Skallagrimssons
aus dem isländischen Borg (ca. 910–990) gewidmet,
der wohl der größte Runenmeister aller Zeiten war.

Mein besonderer Dank gilt Freya Aswynn, die mir während der ganzen Zeit, in der ich an diesem Buch schrieb, Anregungen und Bestätigung zuteil werden ließ. Auszüge aus diesem Buch sind bereits in den Zeitschriften *Talking Stick* und *Chaos International* erschienen.

EINLEITUNG

Obwohl es Bücher über Wikinger gibt, Bücher über Runen und Bücher über alte magische Praktiken, findet sich doch außerhalb der Regale staubiger und gelehrter Bibliotheken nichts, was die drei miteinander verbindet, um einen präzisen Eindruck vom Leben der Menschen zu geben, die die Runen verwendeten und sie bis heute noch nutzen – und dies seit mehr als zweitausend Jahren.

Beim vorliegenden Werk handelt es sich weder um ein Rezeptbuch noch um eine weitere Kollektion ätherischer Spekulationen. Es vermittelt vielmehr etwas von der Atmosphäre der Runen, jener Schrift eines Volkes, das mehrere hundert Jahre lang den Norden beherrschte. Sein größter König, Knut (Canutus), war der erste und einzige Herrscher in der Geschichte, der die drei großen Königreiche England, Dänemark und Norwegen regierte. Die größten Forscher und Reisenden dieses Volks erreichten bereits Jahrhunderte vor Kolumbus oder Amerigo Vespucci Nordamerika. Und doch wurden seine Mythologie und seine Schrift viel zu lange ignoriert oder waren den voreiligen Spekulationen von Außenseitern ausgesetzt.

Jedes Buch, das den Anspruch erhebt, mehr als nur die Grundlagen eines Themas zu behandeln, setzt auch eine mehr als gewöhnliche Beziehung zwischen Autor und Leser voraus. Es geht davon aus, daß der Leser das Bedürfnis verspürt, mehr über ein Thema zu erfahren, für das er sich bereits beiläufig interessiert. Und ebenso wird vorausgesetzt, daß der Autor über die Erfahrung und die Kompetenz verfügt, dem Leser bei diesem prinzipiell doch sehr persönlichen Prozeß Hilfestellung zu leisten.

Ob der Leser sein persönliches Wissen schließlich erweitert, hängt einerseits von der klar verständlichen Darstellung des Autors und andererseits vom Vertrauen des Lesers in das vorgestellte Material ab. Dies wiederum mündet schließlich in die Frage nach dem Vertrauen des Lesers in den Autor. Aus diesem Grund möchte ich mich Ihnen hier, zu Anfang meines Buchs, kurz vorstellen:

Ich wurde am 11. Juni 1946 um 09.10 Uhr als Bernard John Howard King im Barratt Maternity Home zu Northampton in England geboren. Somit ist mein Sonnenzeichen Zwillinge, der Aszendent Löwe. Heute bin ich von Beruf Schriftsteller. Früher war ich Student, Lehrer, Teppichverkäufer, stellvertretender Theaterdirektor, Exportkaufmann, Landschaftsgärtner, Werbetexter und Pressesprecher, um nur einige meiner wichtigsten beruflichen Tätigkeiten aufzuzählen. Das hat mir zumindest zu einem breiten Spektrum an Lebens- und Berufserfahrung verholfen. Ich war auch zweimal verheiratet. Im Laufe der Jahre habe ich ein starkes Interesse an magischen Dingen entwickelt und bin heute ein Priester des Odin, der zugleich meine Schutzgottheit und der Vermittler der Runen ist.

Mein Interesse an den Runen reicht mehr als ein Vierteljahrhundert zurück, nämlich in jene Zeit, als man die Runen noch für »deutsch« hielt und sie demzufolge in einem England, das sich immer noch vom Zweiten Weltkrieg erholte, praktisch tabu waren. (Meinem ersten Deutschen begegnete ich 1961, und da mußte ich zu meiner Überraschung feststellen, daß er, von seinem Akzent abgesehen, ein ganz normaler Mensch war.) Noch im Jahre 1972 beobachtete ich einen Lagerbearbeiter, der vor dem Krieg als Flüchtling aus Deutschland ins Land gekommen war, wie ihn schauderte, als er auf einer Transportmarkierung eine Rune erblickte.

In dieser Atmosphäre war es schwierig, an Informationen zu kommen, anders als heute, da das Interesse an diesem Thema und die Literatur dazu förmlich explodieren. Das bedeutete für mich, sehr viel Zeit in Bibliotheken und Museen zu verbringen, wo ich in seltenen und sagenumwobenen Bänden Querverweisen nachjagte und Exzerpte von Autoren machte, die einander häufig widersprachen. Kurzum, ich mußte alles auf die harte Tour lernen.

Dennoch nahmen die Runen schon bald eine Schlüsselstellung in meinem Leben ein; sie suchen mich nunmehr seit Jahren heim und haben mich nie mehr losgelassen. Ein großer Teil meiner ursprünglichen Forschung wurde seitdem von anderen kopiert und veröffentlicht, allen voran Freya Aswynn und Edred Thorsson.

In den vergangenen Jahren habe ich acht Fantasy- und Horror-Romane in England veröffentlicht, von denen drei im Hardcover in den Vereinigten Staaten erschienen, während zwei weitere demnächst in Polen erscheinen werden. Das vorliegende Werk ist mein erster Versuch, ein Sachbuch zu schreiben, und ich habe ihn unternommen, weil ich der Meinung bin, daß die Informationen, die ich gesammelt habe, auch viele andere Menschen interessieren und ihnen helfen können.

Soviel also zu mir. Als nächstes stellt sich die Frage, weshalb man sich heute überhaupt noch mit den Runen befassen sollte. Dies läßt sich am besten durch den Hinweis auf das gewaltige Anschwellen des Interesses an diesem Thema beantworten, das in den letzten Jahren zu beobachten war. Die Gründe, die hinter diesem gesteigerten Interesse stehen, sind allerdings etwas schwerer zu definieren und sollen hier erst später zur Sprache kommen.

Heute, am Ende des 20. Jahrhunderts erreichen die Runen ein breiteres Publikum als zu jeder anderen Epoche der letzten zweitausend Jahre. Doch handelt es sich dabei um kein Publikum, für das sie ursprünglich gedacht gewesen sind, und das hat dazu geführt, daß sie mit vielen verschiedenen Auffassungen befrachtet wurden.

Ursprünglich wurden die Runen sowohl für profane Inschriften als auch zu magischen Zwecken innerhalb der Kultur verwendet, die sie hochschätzte. Heute sind sie Gegenstand der Neugier und des Studiums der Akademiker, seien es Archäologen, Historiker oder Philologen. Für die magisch Interessierten sind sie ein Spekulationsobjekt, um das komplizierte und faszinierende Gespinste gewoben werden, sei es, daß die Betroffenen allzu eifrig nach Dingen Ausschau halten, die gar nicht vorhanden sind, sei es aber auch, daß sie die Runen lediglich auf eine unter vielen anderen Divinationstechniken reduzieren, wie man sie auf esoterischen Messen dargeboten bekommt, und sich nicht die Mühe machen, sie genauer zu untersuchen. Das mag im Einzelfall vielleicht anders sein, doch scheint auf die überwiegende Mehrheit nur das eine oder das andere zuzutreffen.

Astrologen und Hexen verfassen Brotarbeiten und Umsatzbringer über die Runen, ohne wirklich verstanden zu haben, womit sie es hier zu tun haben. Gelehrte und Wissenschaftler können sich nicht einigen, ob die Runen tatsächlich einen beweisbaren magischen Inhalt besaßen oder nicht, und sie scheinen sich damit zufriedenzugeben, einander in mehr oder weniger unlesbaren Aufsätzen eins auszuwischen. Das größte Hindernis für das Runenstudium liegt darin, daß es kein Mittelfeld für wirklich interessierte und wissensdurstige Leser gibt. Bisher waren die Runen entweder ein Thema für den versponnenen Okkultisten oder für versponnene Professoren, ohne Aussagekraft oder Interesse für jene umfassendere, uninformierte Mehrheit, die dazu verdammt war, ebendies zu bleiben.

In unserem Jahrhundert ist die Runenrenaissance leider mit Assoziationen an einen langen und schrecklichen Konflikt behaftet, und zahlreiche unberechtigte Mutmaßungen und Vorurteile, die eigentlich nie hätten entstehen dürfen, haben das Problem zusätzlich kompliziert. Damit ist natürlich der Nationalsozialismus angesprochen, und noch immer setzen viele Menschen irrigerweise die nordische Religion mit dem Faschismus gleich. Dabei findet sich in der nordischen Literatur nichts Rassistisches, es sei denn, daß man ihr Versäumnis, sich eindeutig davon freizusprechen, als solches verstehen will. Darüber hinaus ist das Nazi-Hakenkreuz auch kein ausschließlich nordisches Symbol. Es mag zwar im heutigen Deutschland verboten sein, ist aber beispielsweise in Indien noch immer in Gebrauch. Es zierte einst den Rücken sämtlicher Bücher von Rudyard Kipling, und erst als die Faschisten dieses Symbol verwendeten, bat er seine Verleger, davon Abstand zu nehmen. Adolf Hitler (der als Christ geboren wurde und als Christ starb) hat das Hakenkreuz nach einem Entwurf übernommen, der ihm 1920 von einem Zahnarzt vorgelegt wurde. Zwar wurden die Runen von bestimmten Zweigen des nationalsozialistischen Parteiapparats studiert, und sie erschienen auch in manchen Nazi-Insignien, dennoch wurden sämtliche okkulte oder magische Bewegungen in den frühen dreißiger Jahren von den Nazis verboten, als der Staat zur einzigen in Deutschland wirklich geduldeten Religion wurde.

Dies führte unterm Strich zu einer gängigen Gleichsetzung, die, so falsch sie auch ist, bis zum heutigen Tage vorhält. Es liegt nicht zuletzt an dieser Assoziation, daß sich die Erneuerung des Odinismus im heutigen England als ziemlich betrüblich darstellt. Die Odinisten-Szene scheint von Männern beherrscht zu sein, die zwar vorgeben, Odin und Thor zu verehren, doch gibt es dabei nur sehr wenig weiblichen Input, um das Ganze etwas ausgewogener zu machen. In Anbetracht der Rolle der Frau in der nordischen Gesellschaft muß man feststellen, daß es sich dabei um einen Mißstand handelt, der der Berichtigung bedarf, bevor sich eine wie auch immer geartete Erneuerung auf stabiler Grundlage weiterführen läßt.

Die ideale Herangehensweise wäre ein unparteiisches Gleichgewicht zwischen Forscherinteresse und dem

Bewußtsein um die den Runen innewohnende Magie. Wenn die nordischen Mysterien den ihnen zukommenden Platz in der Ideengeschichte, in der Religion und in der Mystik einnehmen sollen, muß jeder Mensch, der sich auf sie einläßt, dieses Gleichgewicht anerkennen und es aufrechterhalten.

Bitte beachten

Kein Buch kann Ihnen jemals alles offenbaren, was Sie über die Runen wissen wollen. Das Studium der Runen ist eine äußerst persönliche Suche, bei der Sie Ihre eigenen Entscheidungen treffen müssen, weshalb Sie auch Zeit und Intuition brauchen werden, um die Runen richtig würdigen zu können.

Die Runen besitzen eine eigene Kraft, an der niemand, der jemals engeren Kontakt zu ihnen hergestellt hat, zweifeln wird. Die Macht der Runen kann zu Ihrer Macht werden, allerdings nicht ohne daß Sie selbst auch ein ernstzunehmendes Quentchen persönlicher Flexibilität und Mühe aufbringen.

Wer sich den Runen und dem hinter ihnen stehenden Glaubenssystem verschreibt, entdeckt eine völlig neue Lebensweise. Die ganze Macht dieser uralten Symbole harrt noch der Entdeckung, und nur wer sich der Suche danach verschrieben hat, wird irgendwann erfassen können, was sie tatsächlich zu bieten haben.

Der Ursprung der Runen

Als Gegenstand historischer und archäologischer Forschung finden sich die Runen zwischen 200 v. Chr. bis ins
späte Mittelalter (und bis in die Gegenwart hinein) in einem Gebiet, das von Island bis Rumänien reicht, vom Baltikum bis zum Mittelmeer. Wenn man bedenkt, daß die
Runen nie als Schreibschrift zur Verwendung kamen (erst
in späteren Jahrhunderten wurden sie zu einem Spielzeug
der Gelehrten), sondern nur als Symbole, die in Holz,
Knochen, Metall und Stein geritzt oder gestochen wurden,
ist ihre große geografische Verbreitung beachtenswert,
spricht sie doch Bände, was ihre dauerhafte Anziehungs-
kraft betrifft.

Es gibt eine Tendenz, die Runen vereinfachend als eine
Schrift abzutun, die in unaufgeklärten Zeiten von jenen
nordischen Völkern verwendet wurde, die noch nicht zum
Christentum bekehrt worden waren und die folglich auch
noch nicht das (lateinische) *Mönchsalphabet* erlernt hatten.
Das ist aus einer Vielzahl von Gründen höchst bedauerlich.
Wenn man die Runen nämlich nur als heidnisches Alphabet abtut, leugnet man zugleich viele ihrer anderen Funktionen.

Wo die Runen herkommen

Im Laufe der letzten 150 Jahre haben die Gelehrten eine
Vielzahl von Theorien über den Ursprung der Runen aufgestellt. Einer dieser Theorien zufolge sollen sie sich aus
der nach Norden vorgedrungenen griechischen Kursiv-

schrift entwickelt haben. Einer anderen Auffassung nach basieren sie auf dem lateinischen Alphabet, wofür zumindest eine vordergründige Ähnlichkeit in der Form der Buchstaben spricht, vor allem wenn wir bedenken, daß die eckige Gestalt der Runen daher kommt, daß sie geritzt und nicht geschrieben wurden. Hätte es sich dabei um eine echte Schreibschrift gehandelt, so hätten sich wahrscheinlich noch erheblich mehr Ähnlichkeiten finden lassen. Die am häufigsten bemühte Theorie besagt, daß sich die Runen aus einem norditalischen Alphabet entwickelt haben. In Anbetracht des archäologischen Beweismaterials spricht sicherlich auch einiges dafür, man denke etwa an die Inschrift auf dem Helm von Negau, einem von sechsundzwanzig Funden, die im Jahre 1812 in der Nähe der jugoslawischen Grenze gemacht wurden. Dieser Helm wird mal auf 500 v. Chr., mal auf 1 n. Chr. datiert.

Trotz der Tatsache, daß die Inschrift in einem norditalischen Alphabet gehalten ist, bilden die Worte von rechts nach links gelesen eine germanische Votivformel: *Harigast i Teiva*, was allgemein als »von Harigast bis Teiva« (wahrscheinlich eine Version des nordischen Kriegsgottes Tyr) interpretiert wird.

Es gibt aber noch andere, weniger naheliegende Vermutungen, die der Erforschung bedürfen. So weisen die Runen auch große Ähnlichkeit mit den Symbolen der *hällristningar* auf, jenen vorgeschichtlichen Kultsymbolen nordischer Völker, die man in Felsritzungen gefunden hat. Und unabhängig vom eigentlichen Ursprung der Runen bleibt immer noch die verflixte Frage, wer diese Schrift wohl als allererster benutzt haben mag. Wurde sie von irgendeinem Komitee entwickelt oder war sie das schöpferische Werk eines inspirierten Individuums? Das werden wir wahrscheinlich nie in Erfahrung bringen, und in dieser Tatsache an sich liegt bereits etwas von der Macht und dem Mysterium dieser Schrift.

14

Die Verbindung zum Gotentum

Andere Kenner haben gemutmaßt, daß die Schrift von den Goten im südlichen Rußland entwickelt wurde, und zwar aufgrund der Tatsache, daß sich drei der frühesten Inschriften auf Speerspitzen fanden, die man entlang der Strecke entdeckte, über die sie mit ihren Stammesvettern im Baltikum Verbindung hielten. Das gotische Alphabet wurde von Wulfila (ca. 311–383 n. Chr.) entwickelt, der etwa vierzig Jahre lang als Bischof in Niedermösien wirkte, und zahlreiche Gelehrte haben auf der Suche nach der Quelle seiner Inspiration die Buchstabenformen abgeleitet, die er aus den Runen schuf.

A   V   I   E   T   I   T   S   A   G   I   R   A   H

Die Inschrift des Helms von Negau

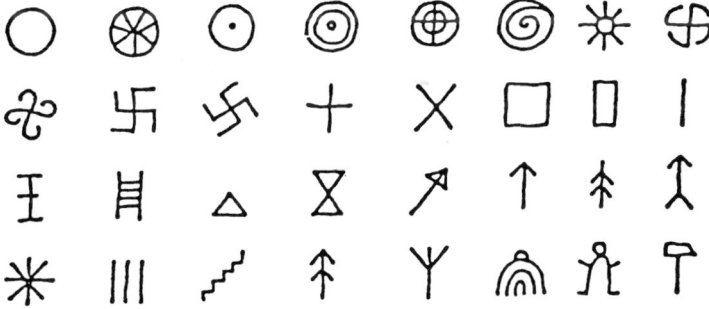

Symbole aus der Hällristningar

Das Runenalphabet

Futhark oder Futhork?

Runenalphabete kennt man im allgemeinen unter der Bezeichnung »Futhark« oder »Futhork« So wie unser Alphabet seine Eigenbezeichnung aus der griechischen Buchstabenfolge ableitet (α alpha und β beta), bezieht das Runenalphabet seinen Namen aus dem Lautwert seiner ersten sechs Buchstaben: F, U, Th, A, R, K oder, in späteren Schriften: F, U, Th, O, R, K.

Wie bei jeder lebenden Schrift hat sich die ursprüngliche Form auch hier im Laufe der Jahre auf unterschiedlichste Weise weiterentwickelt. Aus diesem Grund gibt es auch drei Hauptvarianten des Runenalphabets. Die ursprüngliche und älteste Form wird von Gelehrten allgemein als »Gemeingermanisches Futhark« oder »Älteres Futhark« bezeichnet und besteht aus vierundzwanzig Symbolen mit Wort-Namen und Lautentsprechungen. In vergleichsweise später Runenzeit, nämlich um 800 n. Chr., erschienen Varianten davon im England der Angelsachsen und im Skandinavien der Wikinger. Die angelsächsische Runenschrift erweiterte das Alphabet von vierundzwanzig auf achtundzwanzig, ja sogar dreiunddreißig Symbole. Die Wikingerschrift dagegen reduzierte sie auf sechzehn. Diese beiden Varianten werden sprachlichen Veränderungen zugeschrieben, die nach einer Reform der ursprünglichen Funktion der Symbole verlangten, doch gibt es auch Hinweise darauf, daß die ursprüngliche, vierundzwanzig Runen umfassende Schrift weiterhin zu magischen Zwecken verwendet wurde.

Wir kennen Runengedichte, die die Jahrhunderte überdauert haben und uns die Bedeutung und Zuordnung der Buchstabenformen verraten. Sie decken allerdings nur die angelsächsische sowie die Varianten der Wikingerschrift ab, da das Gemeingermanische Futhark, dessen allgemeiner Gebrauch um das Jahr 800 endete, als man nämlich damit begann, Informationen im Mönchsalphabet festzuhalten, keine uns erhaltenen Gedichtzeugnisse kennt.

Die drei Hauptvarianten des Runenalphabets werden weiter unten in den Abbildungen auf Seite 21 und 22 wiedergegeben. Was das Wikingerfuthork betrifft, so wird der mehrdeutige vierte Buchstabe in unserem Buch als O verwendet, da sich das A noch an späterer Stelle in derselben Runenreihe findet.

Es gibt noch eine vierte Runenvariante, die auch unter der Bezeichnung »Armanenschrift« bekannt ist. Dabei handelt es sich im wesentlichen um das Werk eines gewissen Guido von List. Er wurde im Jahre 1848 geboren und verlieh sich selbst den Namenszusatz »von«, um sich aristokratischer und autoritativer zu geben, als es dem Sohn eines Wiener Lederwarenhändlers wohl sonst zugekommen wäre. List war ein deutschtümelnder Okkultist, dem sein System während der erzwungenen Blindheit nach einer Augenoperation im Jahre 1902 offenbart wurde. Das freundlichste, was sich über das Armanensystem noch sagen läßt, ist, daß es die Grundlage für den größten Teil der nationalsozialistischen Runenkunde abgab und von seinen Ursprüngen her ebenso suspekt erscheint wie in seinen Anwendungen.

Die Ættir

Alle drei oben beschriebenen runischen Hauptalphabete wurden in drei Buchstabengruppen unterteilt, die man als *ættir* bezeichnet, was sich von der altisländischen Vokabel *ætt* ableitet. Dieser wird meist eine Vielzahl von Bedeutungen zugeschrieben, darunter »Geschlecht«, »Familie« und »acht«. Für unsere Betrachtung stellt die »Acht« das eigentliche Schlüsselwort dar, da das Gemeingermanische Futhark in drei Gruppen zu jeweils acht Runen unterteilt wurde.

17

Brakteat von Vadstena

Auch hier finden sich erst spät Belege für die Bezeichnung, da sie, soweit dies die gegenwärtige Forschung feststellen konnte, erst im 17. Jahrhundert nachzuweisen ist. Die Einteilung in *ættir* findet sich jedoch schon sehr viel früher, beispielsweise auf den Brakteaten von Vadstena und Grumpan; außerdem beruhen verschiedene Methoden runischer Kryptographie, die in der Wikingerzeit (nach 800 n. Chr.) aufkamen, ebenfalls auf der Unterteilung des Futhark in *ættir*.

Die Bedeutsamkeit dieser Unterteilung wird durch die Tatsache belegt, daß sowohl die Runenschrift der Wikinger als auch die der Angelsachsen, die, obwohl sie beide keine vierundzwanzig Zeichen umfaßten, in jeweils drei Abschnitte unterteilt wurden. Die Wikingerschrift mit ihren sechzehn Runen wurden in Gruppen von sechs, fünf und weiteren fünf Runen eingeteilt.

In Island, das seit 870 n. Chr. besiedelt wurde, faßte man die Runen in *ættir* zusammen, die man nach Freya, Hagal und Tiw benannte. Tiw oder Tyr war die bevorzugte Gottheit, wenn es um Schutz in der Schlacht ging. Auf einem der Brakteate von Själland wird Tyr dreimal in einer Inschrift genannt, um dem Träger Glück zu gewähren. Die Drei galt außerdem, zusammen mit der Acht, als mächtige Zauberzahl, und der Gebrauch der *ættir* im Gemeingermanischen Futhark setzt ohnehin neben der profanen auch eine magische Verwendung der Schrift voraus. Diese frühe Nutzung der Unterteilung in *ættir* zeigt an, daß die Bezeichnung selbst vielleicht späteren Datums sein mag, die eigentliche Praktik sich jedoch vergleichsweise früh entwickelte.

Die Abbildungen auf Seite 21 und 22 geben die am häufigsten aufgefundenen Symbole wieder. Um die Materie nicht noch weiter zu komplizieren, werden wir in diesem Buch das ursprüngliche Alphabet aus vierundzwanzig Runen verwenden und dieses fortan als Futhark bezeichnen.

Die ersten beiden Spalten zeigen den überlieferten Namen der jeweiligen Rune und seine wahrscheinlichste Übersetzung. Wird ein Groß- zusammen mit einem Kleinbuchstaben verwendet, beispielsweise beim »Th« so bezeichnet dies den übertragenen Lautwert des jeweiligen Runenbuchstabens in unserer heutigen Sprache.

Das Wort »Rune«

Es wurden schon die unterschiedlichsten Deutungen des Worts »Rune« vorgeschlagen, doch weisen sie alle auch gewisse Ähnlichkeiten miteinander auf, und allen eignet eine recht magische Aura. Im frühen Englischen und Deutschen sowie in verwandten Sprachen bezeichnet der Begriff ein Geheimnis oder ein Rätsel, wie es noch heute in dem etwas veralteten Ausdruck »raunen« (»ins Ohr flüstern«) zum Ausdruck kommt. Wie im Falle der Bezeichnung *ætt* (siehe oben), wurde auch hier argumentiert, daß es sich bei »Rune« um einen vergleichsweise modernen Ausdruck handeln müsse. Wir wissen aber, daß die Menschen, die die Runen benutzten, diesen Begriff auch selbst verwendeten, was sich auch durch alte Inschriften belegen läßt:

Stein von Einang (ca. 350) – *runo faihido*, »gemalte Runen«;
Stein von Järsberg (ca. 450) – *runos waritu*, »geritzte Runen«;
Stein von Noleby (ca. 450) – *runo fahi*, »Runen färben«.

Im Althochdeutschen bedeutet *runa* zudem Rätsel oder Geheimnis. Im Altnordischen leitet es sich von *runar*, einem Zauberzeichen, ab. Das Wort »Rune« mag auch in Verbindung zum volkstümlichen »rowan« stehen, der im Englischen gängigen Bezeichnung für die Eberesche, die in der *Prosa-Edda* als »Thors Rettung« bezeichnet wird. Derselbe Baum wird auch »quickbeam« (dt. »Schnellstrahl«) genannt, worin wir möglicherweise einen Hinweis auf Thors Donnerkeile sehen dürfen.

Die Namen der Runen

Die Listen der uns zur Verfügung stehenden Runenbezeichnungen sind allesamt vergleichsweise jung. Eine Quelle, der Wiener Codex, wird auf etwa 800 datiert. Die älteste englische Namensliste stammt aus dem späten 8. oder frühen 9. Jahrhundert. Das Cotton-Manuskript mit dem Text des angelsächsischen Runengedichts wurde nicht vor 1000 n. Chr. verfaßt, und der früheste nordische Katalog, das *Abecedarium Nordmannicum*, stammt aus dem 9. Jahrhundert.

GEMEINGERMANISCHES FUTHARK

Name	Bedeutung	Symbol	
FEHU	Vieh	F	ᚠ
URUZ	Auerochse	U	ᚢ
THURISAZ	Riese	Th	ᚦ
ANSUZ	Gott	A	ᚨ
RAIDO	Reiten	R	ᚱ
KAUNAZ	Fackel	K	ᚲ
GEBO	Geschenk	G	ᚷ
WUNJO	Vollkommenheit	W	ᚹ
HAGALAZ	Hagel	H	ᚺ
NAUTHIZ	Not	N	ᚾ
ISA	Eis	I	ᛁ
JERA	Jahr	J	ᛃ
EIHWAZ	Eibe	Y	ᛇ
PERTHO	Scheide?	P	ᛈ
ALGIZ	Schutz	z	ᛉ
SOWULU	Sonne	S	ᛋ
TEIWAZ	Tyr	T	ᛏ
BERKANA	Birke	B	ᛒ
EHWAZ	Pferd	E	ᛖ
MANNAZ	Mann	M	ᛗ
LAGUZ	Wasser	L	ᛚ
INGUZ	Ing/Frey	Ng	ᛜ
OTHILA	Erbe	O	ᛟ
DAGAZ	Tag	D	ᛞ

ANGELSÄCHSISCHES FUTHARK

Name	Bedeutung	Symbol	
FEOH	Wohlstand	F	ᚠ
UR	Auerochse	U	ᚢ
THORN	Dorn	Th	ᚦ
OS	Gott/Mund	O	ᚩ
RAD	Reiten	R	ᚱ
CEN	Fackel	C	ᚳ
GYFU	Gebefreude	G	ᚷ
WENNE	Wonne	W	ᚹ
HAEGL	Hagel	H	ᚻ
NYD	Ärger	N	ᚾ
IS	Eis	I	ᛁ
GER	Sommer	J	ᛄ
EOH	Eibe	Y	ᛇ
PEORD	Schachfigur	P	ᛈ
EOLH	Segge	Z	ᛉ
SIGEL	Sonne	S	ᛋ
TIR	Tyr	T	ᛏ
BEORC	Birke	B	ᛒ
EH	Pferd	E	ᛖ
MAN	Mann	M	ᛗ
LAGU	Meer	L	ᛚ
ING	Ing	Ng	ᛝ
EThEL	Anwesen	OE	ᛟ
DAEG	Tag	D	ᛞ
AC	Eiche	A	ᚪ
AESG	Esche	AE	ᚫ
YR	Bogen?	Y	ᚣ
IAR	Otter?	IO	ᛡ
EAR	Grab?	EA	ᛠ

Gemeingermanische und angelsächsische Runen

Name	Bedeutung	Symbol	
FE	Reichtum	F	ᚠ
UR	Nieselregen	U	ᚢ
ThURS	Riese	Th	ᚦ
OSS	Gott	O	ᚭ
REID	Reiten	R	ᚱ
KAUN	Geschwür	K	ᚴ
HAGALL	Hagel	H	ᚼ
NAUD	Beschränkung	N	ᚾ
ISS	Eis	I	ᛁ
AR	Fülle	A	ᛆ
SOI	Sonne	S	ᛋ
TYR	Tyr	T	ᛏ
BJARKAN	Birke	B	ᛒ
MADR	Mann	M	ᛘ
LOGR	Wasser	L	ᛚ
YR	Bogen?	Z	ᛦ

Wikingerrunen

Sowohl das isländische als auch das norwegische Runengedicht liegen beträchtlich später, letzteres im späten 12., er-
steres im 15. Jahrhundert. Dennoch leiten sich die Runenbezeichnungen aus ebendiesen Quellen ab. Da die früheste
dieser Quellen jedoch erst an die 700 Jahre nach Beginn des
Gebrauchs der Runen aufgezeichnet wurde, können sämtliche Mutmaßungen über den Ursprung der Bezeichnungen oder Namen nur Gelehrtenspekulation sein. Es soll
allerdings der Fairneß halber nicht unerwähnt bleiben, daß
sämtliche Runengedichte auf frühere, mündlich überlieferte Originale zurückgehen müssen und daß die Runen zu

der Zeit, in der diese Gedichte verfaßt wurden, die einzige verfügbare Schrift darstellten.

Die Runen dürften ihre Bezeichnung ursprünglich zu einer Zeit erhalten haben, da die germanische Welt (zu der auch Skandinavien gehört) weitgehend vereint und gänzlich heidnisch war. Es waren wohl zwei Faktoren, die für die Entstehung eines Runennamens verantwortlich zeichneten: Erstens sollte der Name der Rune als Merkhilfe dienen, um sowohl das Symbol als auch den Lautwert ins Gedächtnis zu rufen. Zum zweiten dürfte der Name wohl dazu gedient haben, an wichtige Einzelheiten des Stammeslebens zu erinnern und diese festzuhalten.

Wer hat die Runen verwendet?

Lesen und Schreiben gelten heute als alltägliche Fertigkeiten, und Menschen, die sie nicht beherrschen, sind deutlich in der Minderheit, was immer wir im einzelnen auch vom Schulsystem halten mögen. Doch zu jener Zeit, da die Runen im Norden verbreitet waren, stellte die Fähigkeit des Lesens und Schreibens eine unverkennbare Ausnahme dar. Mit einer Futhark-Inschrift konfrontiert, hätten die meisten Leute gar nicht gewußt, wo sie anfangen sollten, selbst wenn sie vielleicht die Form der meisten Buchstaben wiedererkannt hätten. Dennoch war das Bedürfnis nach Schrift groß, selbst bei Leuten, die keine Rune von der anderen unterscheiden konnten. Archäologische Funde mit imitierten Runenzeichen weisen darauf hin, daß die Nachfrage das Angebot schon damals bei weitem überstieg.

Wir neigen heute oft dazu, in den Runen etwas Wikingertypisches zu sehen, eine Kriegerschrift, die von Berserkern und Eroberern geritzt und gelesen wurde; oder wir vermuten darin ein mystisches, magisches Alphabet, das ausschließlich Zauberern und Hexen vorbehalten war. Beide Vorstellungen sind zwar einerseits prinzipiell richtig, andererseits sind sie aber auch falsch.

Die Runen wurden von Individuen erlernt und verwendet, und diese konnten Gelehrte, Dichter, Bauern, Zauberer, Krieger, Hexen und sogar Rechtsanwälte und Diplomaten sein, von den Händlern ganz zu schweigen. Sie erlernten ihre Runen bei jemandem, der sie bereits kannte, gleich welchen Berufsstandes oder Geschlechts. Im Norden wurde die Magie meistens von Frauen unterrichtet, ob es Ziehmütter, Ehefrauen, Hexen oder Königinnen waren. In den Sagas, den alten Erzählungen des heidnischen Skandinavien, kommt nur ein einziges Mal eine Frau vor, die von Männern unterrichtet wird. Und diese Frau, die Tochter von Gunnhild Orm, sollte schließlich dreimal zur Königin ernannt und dreimal verbannt werden; später wurde sie dann zur größten Hexe, die das Nordland je gesehen hatte. Ihre Ausbildung hatte sie bei Lappen genossen, und die lappischen und finnischen Völker der Wikingerzeit waren berühmt für ihre Zauberkunde.

Da das Wissen, dessen der Gebrauch des Futhark bedurfte, sei es für magische oder für profane Zwecke, etwas sehr Spezialisiertes war, galt der Runenritzer oder -meister als wertvolles Mitglied der Gesellschaft. Runenritzer und Runenmeister waren ganz unterschiedliche Berufe. Der erste war in der Lage, die Runen zu lesen und zu schneiden, während der zweite darüber hinaus noch um die magische Macht des Futhark wußte. Die Bezeichnung »Runenmeister« soll keinesfalls bedeuten, daß es sich hier nur um Männer gehandelt hätte. Schon zu Zeiten des Tacitus war bekannt, daß die germanischen Völker der Frau besondere Weisheit zuschrieben, und die Rolle der Frau wurde in der nördlichen Gesellschaft auf eine Weise respektiert, der die Feministinnen unserer Tage vollen Applaus gezollt hätten. Der Brautpreis wurde vom Mann an die Frau entrichtet. Scheidung war jederzeit möglich, Frauen hatten ihren eigenen Besitz und waren in jeder Hinsicht vollwertige Mitglieder der Gesellschaft. Es stand ihnen ebenso frei wie den Männern, die Runen zu erlernen, was sie auch häufig taten.

Der Gebrauch der Runen

Geschichtliche Belege zeigen uns, daß die Runen auf verschiedenste Weise und auf unterschiedlichsten Materialien verwendet wurden. Schauen wir uns einige Beispiele an.

Eine im französischen Charnay gefundene Brosche, die auf ungefähr 600 datiert wird, trägt die Inschrift: »Für meinen Mann, Iddo. Liano«. Es handelt sich wohl um ein Geschenk, und wenn Liano auch selbst gewußt haben mag, wie die Runen zu ritzen waren, hat sie sie wahrscheinlich eingravieren lassen, ähnlich wie auch wir unsere Uhr oder unseren Anhänger vom Juwelier gravieren lassen.

Ein Brakteat, also ein münzähnliches Medaillon, das ein Jahrhundert älter ist und im nördlicher gelegenen Poznan in Polen gefunden wurde, trägt die Inschrift »Weiser, Runen« und könnte als magische Lernhilfe gedeutet werden, die es dem Träger oder der Trägerin erleichtern sollte, die Runen zu erlernen.

Aus dem norwegischen Oppland stammt eine Speerspitze, die auf ungefähr 175 datiert wird und die Inschrift »Stecher« trägt, höchstwahrscheinlich um die Waffe magisch zu verstärken, was sowohl ihr als auch ihrem Eigner in der Schlacht einen »Wettbewerbsvorteil« verleihen sollte.

In eine im jugoslawischen Breza gefundene Marmorsäule wurden um 550 die zwanzig Runen eines Futhark geritzt. Dabei handelt es sich möglicherweise um ein Übungsstück, vielleicht sogar um eine Lernhilfe, wobei der Runenmeister oder -schnitzer die Runen zur Vorführung geritzt haben dürfe. Zwar ist bekannt, daß auch das vollständige Futhark zu magischen Zwecken verwendet wurde, doch ist dies im vorliegenden Fall recht unwahrscheinlich.

Ein Denkmal aus dem schwedischen Bohuslän wird auf etwa 600 datiert und trägt die Inschrift »Hariwulfs Denkmal«. Es handelt sich hier nicht unbedingt um einen Grabstein, sondern vielmehr um einen Gedenkstein. Viele solcher Steine erinnern an Menschen, die woanders beigesetzt wurden.

Diese frühen Beispiele machen deutlich, wozu Runeninschriften dienten. Aus späterer Zeit sind zahlreiche Beispiele auf Holz bekannt, und der profane Gebrauch der Runen umfaßte auch Almanache, Kaufmannsrechnungen, ja sogar Liebesbriefe.

Die Runenmeister

Obwohl uns vergleichsweise viele Inschriften erhalten sind, wissen wir nur wenig über die Menschen, die in einem geschichtlich nachweisbaren Zeitraum von über 1500 Jahren die Runen in einem derartig vielseitigen Spektrum von Anliegen verwendet haben. Zwar kennen wir häufig den Namen des Schreibenden, weil es nichts Ungewöhnliches war, Runensteine und -gegenstände zu unterschreiben, aber damit endet unser Wissen auch schon wieder. Nur gelegentlich finden wir, wie im Beispiel der Hexe Thurid in der *Grettir-Saga* oder im Falle von Egil Skallagrimsson, dem Dichter-Bauern-Krieger-Helden der *Egil-Saga*, ein biographisches Fragment. In den allermeisten Fällen jedoch bleiben die Runenmeister entweder völlig anonym, oder wir kennen lediglich ihren Namen.

Das gleiche gilt für ihre Ausbildung. Da es die meiste Zeit, als die Runen gängig waren, nur mündliche Unterweisungen gab, ist es wahrscheinlich, daß der Runenmeister bei jemandem in die Lehre ging, der sich das entsprechende Wissen und die dazugehörigen Fertigkeiten bereits angeeignet hatte. Möglicherweise gab es auch eine Zunft-

einweihung, die vielleicht dem Muster von Odins Selbstopfer im *Hávamál* folgte, doch sind uns bisher keine Einzelheiten dazu überliefert.

Sicherlich dürfte die Ausbildung mehr beinhaltet haben
als nur das schlichte Erlernen der Form und des Lautwerts
der Buchstaben. Im *Hávamál* wird eine Übersicht dessen
geboten, was die Ausbildung umfaßt haben dürfte, allerdings ohne auf Einzelheiten einzugehen. Der Runenmeister war gewiß, wie Odin selbst, mehr als nur flüchtig mit
den Feinheiten der nordischen Dichtung vertraut. Im
Idealfall dürfte er auch um den divinatorischen Gebrauch
der Runen gewußt und die kultische Bedeutung der Symbole verstanden haben. Dazu war möglicherweise auch ein
Wissen um die Heilkunst erforderlich, um die Zahlenkunde hinter einigen der scheinbar unsinnigen Buchsta-
bensequenzen, die sich in vielen erhaltenen Inschriften
finden, sowie die Fähigkeit, als eine Art Philosoph tätig zu
werden.

Sicherlich gab es große Unterschiede zwischen den
Fähigkeiten einzelner Runenmeister, hingen diese doch
sowohl von der Begabung als auch vom Wissen des jeweiligen Lehrers ab. Das galt vermutlich auch für die Befähi-
gung, Laute zu erkennen, sie zu analysieren und als Schrift
zu deuten. Fast alle Buchstabenformen besitzen Varianten,
was uns zeigt, wie unterschiedlich das überlieferte Wissen
der Runenmeister durch persönlichen Glauben und eigene
Vorlieben geprägt wurde.

Viele der bisher gefundenen Inschriften sind nicht das
Werk wahrer Runenmeister, sondern ganz gewöhnlicher
Leute – Handwerker, Händler und Krieger, die sich die
Grundfertigkeit des Runenschneidens angeeignet hatten.
Nicht alle Inschriften sind magischer Natur, wenngleich
die gängige Auffassung über die Fertigkeiten des Runen-
meisters seinen Aktivitäten und seiner Persönlichkeit ei-
nen Nimbus des Magischen verliehen haben dürfte. Das

könnte auch erklären, wieso auf manchen Gedenksteinen zwar der Name des Runenmeisters erscheint, nicht aber der desjenigen, dem zu Ehren der Stein beschriftet wurde.

Das Schneiden und Ritzen von Runen galt als tradiertes Handwerk. In christlicher Zeit finden sich Beschriftungen mit vollständigen klassisch-antiken Alphabeten, ähnlich dem Futhark auf dem Stein von Kylver, parallel zu den Runen. Doch wird dabei stets nur das volle Alphabet verwendet, nicht aber einzelne Buchstaben oder Buchstabenfolgen. Der Gebrauch der Runen geht darüber hinaus, mit ihnen werden Standardformeln, ja sogar Abkürzungen entwickelt, zu denen auch noch die Verwendung der Runen als Ideographen kommt. Das zeigt uns, daß es für den Runenmeister nicht genügte, nur sein Futhark zu kennen. Er mußte auch hinreichend belesen und schriftkundig sein, um die Techniken zu meistern, derer es für vollständige, grammatikalisch korrekte Inschriften bedurfte.

Angebot und Nachfrage

Die Nachfrage nach Runenmeistern und Runeninschriften scheint häufig das vorhandene Angebot überstiegen zu haben. Eine Bestattungsurne aus dem angelsächsischen Friedhof zu Loveden Hill in Lincolnshire weist runenähnliche Symbole auf, bei denen es sich ganz eindeutig nicht um echte Runen handelt. Eine mögliche Erklärung dafür wäre, daß zu der Zeit, da die Inschrift gebraucht wurde, kein Runenmeister zur Verfügung stand, so daß man wohl jemanden, der ein wenig mit den Runen vertraut war, darum bat, etwas Ähnliches herzustellen. Sollte das tatsächlich die Erklärung für diese Fälschung sein, so würde sie auf ein Wissen um und ein Verlangen nach Runeninschriften seitens jener Menschen hinweisen, die der Runenschrift nicht kundig waren und sich daher mit einem Ersatz zufriedengeben mußten. Die Urne von Loveden Hill stellt auch kein isoliertes Beispiel dar. Vergleichbare runenähnliche Inschriften finden sich über einen weiten geschichtlichen Zeitraum an den verstreutesten Orten.

Der mythische Ursprung der Runen

Das nordische Gedicht *Hávamál*, dessen Titel »die Worte des Hohen« bedeutet, enthält einige Abschnitte, die für jeden, der sich den nordischen Mysterien oder der Runenkunde widmen möchte, von größtem Interesse sind. Wenn es auch sehr unwahrscheinlich ist, daß dieses Gedicht von Odin persönlich verfaßt wurde (seine inhaltlichen Merkmale deuten auf eine Niederschrift um 950 hin), behauptet es doch unverblümt, seine Worte wiederzugeben.

Einer der in diesem Zusammenhang zu untersuchenden Abschnitte wird als *Runatál* bezeichnet und handelt von Odins Selbstopfer an der Weltenesche Yggdrasil, das dem Empfang der Runen diente. Neun Nächte lang hing er von dem Baum, ohne Speis und Trank. Darüber hinaus trug er eine sich selbst zugefügte Speerwunde als mystische Darbringung seiner selbst an sich selbst. Auf dem Höhepunkt dieser Einweihung blickt er in die Tiefe und stößt einen Schrei aus, von dem nicht überliefert wird, ob er Schmerz oder Triumph ausdrückt. Dann nimmt er rasch die Runen auf, bevor er vom Baum stürzt und von seiner Qual erlöst wird.

Mythologie und Geschichte sind sich selten einig, und so hat der Ursprung der Runen, wie ihn die Geschichtswissenschaftler vorzugsweise sehen, nur wenig mit der Fassung der *Runatál* gemein. Unterm Strich bleibt jedoch die Tatsache, daß die Runen einen starken Einfluß auf die nordische Kultur und Magie ausübten, da sie eben nicht nur die Buchstaben eines Alphabets verkörperten. Sie waren schon über 1100 Jahre im Gebrauch, bis eine Reihe christlicher Verbote diese offensichtlichen Relikte des Heiden-

tums in ihren Heimatländern in den Untergrund trieb.
Vielleicht werden wir die Umstände ihrer tatsächlichen
Entstehung nie in Erfahrung bringen, doch für jene Menschen, die an die offensichtliche Macht der Runen glauben,
verkörpert die *Runatál* die bislang beste und glaubwürdig-
ste Darstellung.

Runen, Religion und Gesellschaft

Es gehört zu den traurigen Tatsachen unseres heutigen Bildungs- und Kulturhintergrunds, der über Generationen hinweg von dem Glauben geprägt wurde, der Norden habe wenig mehr als Barbarei zu bieten, daß der Begriff »Mythologie« in den meisten Menschen ausschließlich Bilder von griechischen oder römischen Helden und Gottheiten wachruft. Die Taten des Herkules, die Reisen eines Jason oder Odysseus, Jupiter oder Zeus, der sich für ein schnelles Rendezvous mit einer betörten Maid in ein passendes Tier verwandelt – dies alles sind Lieblingsthemen, die bei Bedarf auch entschärft werden, und dies für ein zeitgenössisches Publikum, das keinerlei erkennbare Verbindungen mehr dazu aufweist. Und doch ist Odin durch unsere geschichtlichen Seitenwege gepirscht und mit der Wilden Jagd über den Himmel geprescht… Peterborough? Ja, das tat er tatsächlich, und es gibt sogar eine Mönchschronik, die davon berichtet. Die nordischen Gottheiten hatten viele Jahre lang ihr Zuhause in einem geografischen Gebiet, das mehr als die Hälfte Englands umspannte, und sie stellen immer häufiger fest, daß sie dort einmal mehr willkommen geheißen werden. Orte wie Wayland's Smithy in Oxfordshire, das nach dem altnordischen Helden/Gott/ Schmied Wolund benannt ist, stellen keine bloße Kuriosität mehr dar. Vielmehr werden sie zunehmend als Sammlungspunkte von Menschen genutzt, die erneut eine Verbindung zu den alten Sitten und Gottheiten herstellen.

Die Mythologie des Nordens

Die Mythologie des Nordens ist sehr umfangreich und farbenfroh. Ihre Charaktere sind klar definiert, oft sogar weitaus klarer als alle Figuren, die wir in den Mythen des sogenannten klassischen Altertums finden. Die Mythologie besitzt auch größere Relevanz für jeden, der seinen Glauben und seine Überlieferungen lieber aus dem Land beziehen möchte, das er bewohnt, oder auch aus seiner eigenen ethnischen Herkunft. Sie erzählt Geschichten, die es mit denen jeder anderen Mythologie aufnehmen können, beispielsweise von Thor, der sich als Göttin verkleidet, um seinen gestohlenen Hammer zurückzuholen, oder von der Fesselung des Wolfes Fenrir oder von der furchterregenden letzten Schlacht der Ragnarök. Es gibt Geschichten von Gottheiten und Helden, die über weitaus mehr Biß und Atmosphäre verfügen als die Heiligenlegenden der christlichen Kirche. Sie alle sind ein wichtiger Bestandteil des lange geleugneten Geburtsrechts der nordischen Völker, das wiederzuentdecken zu einer Quelle echter Freude werden kann.

Das Pantheon der nordischen Mythologie besteht genau genommen aus zwei verschiedenen, die zu einem vereint wurden: dem Reich der Asen und dem der Wanen. Die Asen werden im allgemeinen dem Odin zugeordnet, so etwa Thor, Balder und Frigg. Die Wanen scharen sich um Njörd und seine beiden bekanntesten Kinder Freyr und Freyja, deren Namen »Gebieter« und »Gebieterin« bedeuten. Im folgenden finden Sie die wichtigsten Informationen über einige Götter und Göttinnen.

Balder ist der schöne Gott, ein Sohn Odins und der Frigg. Er wird von einem Mistelzweig getötet, nachdem alle anderen erschaffenen Dinge geschworen hatten, ihm nichts anzuhaben, und fährt an der Seite seiner Frau Nanna in die

Hel nieder. Nach den Ragnarök erhebt er sich aufs neue. Seine Funktion im Pantheon ist nur geringfügig. Erst spätere Generationen schrieben ihm Macht zu, indem sie ihn mit Christus verglichen.

Freyr, der Sohn des Njörd, ist der Schutzpatron der Fruchtbarkeit, Herrscher über das Reich der Lichtelfen und zuständig für das Wachstum. Er ist der edelste der tapferen Götter und der Schutzpatron des sommerlichen Sonnenlichts. Sein Hauptattribut ist sein erigierter Penis. Er ist die wohl deutlichste nordische Entsprechung des etwas dezenter fruchtbaren Gehörnten Gottes des Wicca.

Freyja, Freyrs Schwester, ist die bekannteste unter den Göttinnen und die Schutzpatronin des Krieges, der Liebe und der Zauberei. Obwohl Frigg die Frau Odins ist (eine von mindestens dreien), stellt Freyja sowohl seinen Gegenpol als auch seine am besten passende Partnerin dar. Freyja und Odin teilen sich die in der Schlacht Gefallenen, wobei Freyja die erste Wahl hat. Sie ist die schönste der Göttinnen und ist sich auch nicht für die eine oder andere pragmatische Hurerei zu schade. So schläft sie in einer Nacht mit vier Zwergen, um damit das Halsgeschmeide Brisingamen zu bezahlen, das diese für Freyja hergestellt haben.

Frigg ist Odins Frau und die Mutterfigur der nordischen Mythologie. Sie ist berühmt für ihr Wissen und dafür, daß sie nie etwas abgibt, nicht einmal ihrem Gemahl. Sie weiß um das Schicksal ihres Sohnes Balder und versucht ebenso heldenhaft wie vergeblich, es abzuwenden. Frigg wird meistens als hochgewachsene, stattliche Frau im weißen Kleid dargestellt. Als Schutzpatronin der nordischen Hausfrau und Mutter trägt sie einen Satz Schlüssel am Gürtel. Frigg und Freyja verschmelzen in manchen Mythen miteinander, da sie komplementäre Aspekte der archetypischen Frau verkörpern, zumindest für die meisten männlichen Mythenautoren.

Heimdall ist der leuchtende Gott, der Hüter der Regenbogenbrücke, die nach Asgard hinaufführt, und der Besitzer des *Gjallarhorns*, das er zu Beginn der Ragnarök bläst. Sein Gehör ist so fein, daß er das Gras wachsen hört, ja sogar die wachsende Wolle auf dem Rücken eines Schafs.

Idun ist vermählt mit Bragi, dem Gott der Dichtung. Ihr obliegt die Verantwortung für die Gesundheit der Götter, die jeden Tag einen Apfel aus ihrem Eschenholzkasten verzehren müssen, um jung und kräftig zu bleiben.

Loki in allen Einzelheiten zu schildern würde mehrerer Bücher bedürfen. Er ist der Blutsbruder Odins, sofern er nicht noch in sehr viel engerem verwandtschaftlichen Verhältnis zu ihm steht, der Trickster des Pantheons, gut und böse zugleich. Er stellt gleichzeitig eine Hilfe und eine Bedrohung dar, und viele Mythen schildern ihn als den Gott, der die Menschen nicht nur in Schwierigkeiten bringt, sondern ihnen auch, wenngleich nur zögerlich, wieder aus der Klemme hilft. Er ist eine sehr feurige Gestalt, und wahrscheinlich gab es unter seinen Vorfahren einen Riesen, wie es auch bei Odin selbst der Fall ist.

Njörd ist der Gott des Meeres und der Schutzpatron der Seeleute und Fischer. Als Vatergestalt der Wanen verleiht er Reichtümer und ist selbst ein tapferer und erfahrener Krieger. Er ist vermählt mit der Göttin Skadi, die ihn bei einem Wettstreit auswählte, weil sie ihn aufgrund seiner schönen Füße mit Balder verwechselte.

Odin ist der Allvater, der Schutzpatron der Dichter, Krieger und Staatsmänner sowie Gott der Toten, des Krieges und der Zauberei. Sein Pragmatismus ist Legende und hat ihm fälschlicherweise den Vorwurf des Verrätertums eingetragen. Er trägt den Speer Gungnir, der nie sein Ziel verfehlt und in dessen Schaft die Runen eingeritzt sind, die das Gesetz aufrechterhalten. Er reitet das achtbeinige Pferd Sleipnir und versammelt Krieger um sich, die in den Ragnarök an seiner Seite kämpfen sollen und mit denen er bis dahin in Walhall feiert (wörtlich ›Valhöll‹, »Halle der Auserwählten«, wo den Kriegern von Schildmädchen Met und Eberfleisch serviert wird). Er erlangte die Runen für die Menschheit durch persönliche Aufopferung und gab sein rechtes Auge für die Weisheit.

Thor mit dem roten Bart ist Odins bekanntester Sohn, der mit seinem Zauberhammer Mjöllnir die Riesen mehr zum Zeitvertreib denn aus Pflichtbewußtsein tötet. Er ist nicht sehr aufgeweckt und führt in seinem Panzer Donner und Blitz mit sich, aber er kann auch weichherzig, volkstümlich und raffiniert sein, wenn es sein muß. Odin muß eine gewaltige Zuneigung zu Thor haben, wenn man die Zeit bedenkt, die er darauf verwendet, sich mit seinem Sohn zu streiten. Thor ist vermählt mit Sif, der Korngöttin, und als Loki Sifs wunderschönes Haar abschneidet, muß eine Perücke aus gesponnenem Gold solange als Ersatz herhalten, bis es nachgewachsen ist.

Tyr ist der kämpfende Gott, der General des Pantheons, während Thor eher den Fußsoldaten und Odin den Staatsmann darstellt. Obwohl er im Ruf steht, edelmütig und ehrlich zu sein, wird Tyr zum Meineid gezwungen, als es darum geht, den Fenriswolf zu fesseln, und verliert zur Strafe seine rechte Hand.

Das war ein kurzer und nicht immer sehr ehrfürchtiger Blick auf die bekanntesten Mitglieder des nordischen Pantheons. Jeder, der bis hierher gelesen hat, wird sich entweder entschlossen haben, diese üppige und kraftvolle Mythologie selbst weiter zu erkunden, oder das vorliegende Buch wegzuwerfen.

Die Nordischen Völker

Wie wir alle wissen, nachdem man es uns jahrelang eingetrichtert hat, beginnt die englische Geschichte mit den Römern, setzt sich fort mit Wilhelm dem Eroberer, geht in die Rosenkriege über und macht überhaupt erst seit Heinrich VIII. etwas her. Wenn Sie das glauben, glauben Sie wahrscheinlich auch sonst alles, was man Ihnen vorsetzt.

Tatsächlich könnte diese Kurzfassung der frühen englischen Geschichte gar nicht falscher sein. Lange bevor die Römer eintrafen, siedelten hier bereits Völker, und mit dem Zusammenbruch des römischen Reichs um 440 und dem daraus folgenden Abzug römischer Besatzungsstreitkräfte war das Land den einander ablösenden Invasionswellen schutzlos ausgeliefert. Die meisten dieser Eroberer können durchaus präzise als Germanen oder Teutonen bezeichnet werden, und sie hatten eine Menge gemein. Zu ihnen gehörten die Angeln, die Sachsen, die Juten, die Dänen und die Norweger, die eine gemeinsame Kultur besaßen, und, soweit das Christentum sich nicht einmischte, ähnliche religiöse und gesellschaftliche Werte vertraten. Englands bekanntester Dänenkönig Knut (Canutus) kämpfte aktiv darum, daß Norwegen seinen ersten einheimischen Heiligen und Märtyrer bekam, König Olaf, während er mit der englischen Kirche eine Reihe von Schwierigkeiten hatte. Knut war viel zu sehr damit beschäftigt, sein aus England, Dänemark und Norwegen bestehendes Reich zusammenzuhalten, um am Meeresufer herumzusitzen und dem störrischen Wasser Befehle zu erteilen; die Tatsache aber, daß diese Fabel die wohl bekannteste Episode seiner Herrschaftszeit darstellt, beweist einmal mehr, wie sehr diese Periode von den Historikern abgewertet wurde.

Wilhelm der Eroberer war zeitlich nur etwa hundert Jahre von seinen norwegischen Wurzeln entfernt. Als Norwegen um 930 unter der Herrschaft von König Harald Hellhaar vereint wurde, gab es viele Häuptlinge, die sich gegen seine Politik stellten. Zu ihrem Leidwesen handelte Harald allerdings aus einer Position großer Stärke heraus, so daß ihnen nur die Wahl zwischen selbstmörderischer Opposition oder freiwilligem Exil blieb. Das war auch einer der vielen Gründe für die Kolonisierung Islands, das um 870 von den Skandinaviern entdeckt wurde, obwohl schon vorher sowohl die Iren als auch die Römer davon wußten. Und es erklärt auch, weshalb so viele nordische Überlieferungen bis heute als Teil der isländischen Kultur erhalten geblieben sind. In der Tat ist das heutige Isländisch mit der altnordischen Sprache so gut wie identisch, was eine unschätzbare Hilfe bei der Übersetzung und Interpretation von Runeninschriften und erhaltengebliebenen altnordischen Texten darstellt.

Einer der Häuptlinge, der zusammen mit seinen Anhängern freiwillig Norwegen verließ, um der Herrschaft Haralds zu entgehen, war Hrolf. Er beanspruchte einen Teil Nordfrankreichs als neues Herrschaftsgebiet, der später Normandie genannt wurde, was etymologisch nicht allzuweit vom »Reich der Nordmänner« entfernt ist. Der berühmteste Bewohner dieses Reiches eroberte im Jahre 1066 England.

Soviel zur Verbindung Englands. Vergessen wir dabei nicht, daß im halben Land dänisches Recht galt und daß das Wikingerreich Northumbria mit seiner Hauptstadt Jorvik (York) erst durch eine Koalition von englischen und schottischen Kräften ausradiert wurde, die, für die damalige Zeit höchst ungewöhnlich, in den fünfziger Jahren des

9. Jahrhunderts tatsächlich mal am selben Strang zogen. Wikinger gab es auch in Irland, auf den Orkneys, den Shetlandinseln, den Färöern, der Isle of Man, in Lancashire und in vielen anderen Teilen Großbritanniens, und alle trugen sie zu der über einen Zeitraum von 600 Jahren zwischen dem römischen Abzug und der normannischen Invasion existierenden Kultur bei. Auch endeten die Aktivitäten der Wikinger mit Wilhelm nicht, immerhin wurde der letzte Überfall an diesen Küsten in den siebziger Jahren des 12. Jahrhunderts berichtet.

Die Wikingeraktivität vor und an den englischen Küsten hatte in vielen anderen Teilen der nördlichen Erdhalbkugel ihre Entsprechungen. Island wurde kolonisiert, ebenso Grönland. Expeditionen erreichten 500 Jahre vor Kolumbus Nordamerika. Neben Norwegen, Schweden und Dänemark, die heute als Heimat der Wikinger gelten, belebte dieselbe Kultur auch Teile Rußlands und anderer baltischer Staaten. Das gilt auch für Deutschland und Holland. Und an der Ostgrenze bestand die berühmte Leibwache des Kaisers von Byzanz, die »Waräger Leibwache«, ausschließlich aus Wikingersöldnern.

All dies zeigt, wie weit verbreitet die Kultur der nordischen Völker war. Während sie die wilden Krieger der Legende und der tatsächlichen Geschichte waren (»Erlöse uns, oh Herr, vom Zorn der Nordmänner...« hieß es im Englischen Gebetbuch), wiesen sie auch viele andere Züge auf, die noch heute von großer Bedeutung sind, beispielsweise die religiöse Toleranz, die sowohl christlichen als auch islamischen »Fundis« heute ganz gut anstünde. So weit sie auch reisten, weiß man von keinem aufgezeichneten oder legendären Fall, in dem sie versucht hätten, die Völker, mit denen sie in Kontakt kamen, zu ihrer eigenen Religion zu bekehren. Selbst in ihren eigenen Reihen herrschte große religiöse Vielfalt. Freyr und Thor waren wahrscheinlich die beliebtesten Gottheiten, von denen jeder seinen eigenen Kult und seine eigenen Mysterien besaß, doch gab es zwischen ihren Anhängern keine erkennbare Rivalität. Odin, der allgemein als Kriegsgott gilt, trug auch den Titel »Allvater« und saß dem Pantheon mit größerem Mitgefühl und größerer Güte vor, als es ihm in den meisten fiktiven Darstellungen zugeschrieben wird. Wenn es jemand vorzog, keiner Gottheit zu opfern oder sogar atheistische Ansichten zu äußern, blieb ihm dies völlig selbst überlassen. Weder wurde Druck auf ihn ausgeübt, noch wurde er deswegen gesellschaftlich geächtet.

Das Leben im Diesseits und Jenseits

Das Hier und Jetzt war dem Nordmann ebensowichtig wie das Leben nach dem Tod. Das steht in deutlichem Gegensatz zur Auffassung vieler damaliger Christen, die ihr Leben hier auf Erden nach den überlieferten Vorstellungen vom Jenseits ausrichteten. Der Nordmann (natürlich auch die Nordfrau) wußte sehr wohl um das Leben danach, und es war ihm auch lieb und teuer, jedenfalls sehr viel lieber und teurer als die Entehrung in der sterblichen Hülle. Doch selbst auf die Gefahr hin, daß ich mich wiederhole, möchte ich noch einmal darauf hinweisen, daß es sich um ein pragmatisches Volk gehandelt hat, das bereit und willens war, aus jeder Situation das Beste zu machen, ob sie nun natürlichen oder übernatürlichen Ursprungs sein mochte.

Wenn man im Hier und Jetzt Erfolg hatte, wartete in der Zukunft ein Platz in Walhall, wo man nach Herzenslust Schweinefleisch essen und Met trinken konnte. Die Stellung der Frau in diesem Kriegerhimmel geht aus den erhaltenen Texten nie ganz deutlich hervor, doch gibt es keinen Grund anzunehmen, daß man den germanischen Frauen, die ihren Männern selbst in der Schlacht so nahestanden, ihren Anteil am Leben im Jenseits verweigert hätte. Hatte man nur Unbedeutendes oder Unwürdiges vollbracht, so

kam man nach Hel. Doch auch das war keine eigentliche
Strafe an sich, denn selbst der Gott Balder endete vor den
Ragnarök oder der Götterdämmerung in Hel. Es bedeutete einfach nur, daß man sich dann mehr Mühe geben mußte, um einen Platz in Walhall zu erringen. Man mußte also
im jenseitigen Leben all jene Anstrengungen unternehmen,
die man in seiner irdischen Inkarnation versäumt hatte.

Die Folgen des Christentums

Das Christentum breitete sich im Norden nur langsam aus.
England wurde freilich schon früh christianisiert, und der
Pragmatismus der auf die Römer folgenden Invasoren, der
mit ihrer natürlichen Toleranz einherging, gestattete die
Fortsetzung und weitere Entwicklung des Christentums.
Christen waren bereit, Geschäfte mit Wikingern zu täti-
gen, vorausgesetzt sie akzeptierten das *primsigning*, was
sich wohl am besten als das Versprechen definieren läßt,
den Übertritt zum Christentum in Erwägung zu ziehen.
Diese Praktik wurde allgemein für den Handel mit den
Engländern übernommen, die sich, obwohl sie schon länger mit dem neuen Glauben vertraut waren, genügend von
ihrem ursprünglichen nordischen Pragmatismus bewahrt
hatten, um in der Flexibilität eine Tugend zu sehen, sofern
man daraus Gewinn ziehen konnte, und die nie lange zö-
gerten, etwas anzuwenden, das beiden Seiten zum Vorteil
gereichen konnte. Und wie im heutigen England, wo es
eine Staatsreligion und eine Vielzahl privater Glaubens-
richtungen gibt, war das nordische Heidentum noch Jahrhunderte nach der Eroberung durch die Normannen im
Untergrund lebendig.

In Skandinavien dauerte die Christanisierung jedoch
sehr viel länger, und die Hand des *hvitakrist*, des Weißen
Christus, griff eigentlich erst nach der Schlacht von Stikle-
stad im Jahre 1030 richtig zu, als der Tod König Olafs und
seine darauf folgende Heiligsprechung den nordischen

Ländern ihren ersten einheimischen Heiligen bescherte. Das sich nun ausbreitende Christentum war stark fundamentalistisch geprägt, beispielsweise verlangten Figuren wie König Olaf Trygveson von Norwegen die Bekehrung ihrer Zeitgenossen mit gezücktem Schwert. Im Jahre 995 bekehrte Olaf die Orkneys, indem er Graf Sigurd und seinen kleinen Sohn Hindius an Bord seines vor South Ronaldsay vor Anker liegenden Schiffs einlud. Nachdem er an Bord gekommen war, willigte Sigurd erst dann ein, den neuen Glauben anzunehmen, als Olaf ihm damit drohte, seinen Sohn abzuschlachten. Später sollte Olafs Lieblingsbekehrungstechnik, nämlich die Todesdrohung gegen Geiseln, eine große Rolle bei der Bekehrung Islands am 4. Juni 1000 spielen. Aber selbst hierbei kam der nordische Pragmatismus zur Geltung, ließ man die alte Religion doch im Privaten weiterbestehen und verschoben viele der bei der Bekehrung anwesenden Häuptlinge die Kaltwassertaufe an Ort und Stelle zugunsten der Taufe in den heißen Quellen auf dem Heimweg. Die alten Götter fielen eher in einen langen Schlaf, als daß sie ausgelöscht wurden, wie ihre Wiedererlebung in unserer Zeit bezeugt. In den frühen siebziger Jahren dieses Jahrhunderts wurde das nordische Heidentum offiziell zur zweiten Staatsreligion Islands erklärt, und andere nordische Länder stehen im Begriff, diesem Beispiel zu folgen.

Das Christentum hat dem Norden einen Segen und einen Fluch zugleich beschert, wenn es darum geht, die damalige Zeit zu rekonstruieren. Vor seinem Eintreffen war die Kunst des Schreibens allein jenen vorbehalten, die die Runen lesen und schreiben konnten. Mit ihm jedoch kam auch das *Mönchsalphabet* oder lateinische Alphabet, und so gab es zum erstenmal, seit Tacitus im späten 1. Jahrhundert v. Chr. seine *Germania* verfaßte, wieder schriftliche Aufzeichnungen. Dadurch wurde zwar sichergestellt, daß eine Vielzahl von Informationen und auch die Literatur nicht verlorenging, doch wurde das Material in sehr vielen Fällen erst zwei- oder dreihundert Jahre nach seiner Entstehung konserviert, noch dazu mit einer deutlich christlichen Einfärbung. Diese muß erst identifiziert, ja möglicherweise sogar ausgemerzt werden, bevor sich viele der praktischen Informationen über die religiösen und magischen Praktiken präzise rekonstruieren lassen; jedenfalls sollte man das Material nicht in seiner grundlegend voreingenommenen Färbung verwenden. Ein herausragendes Beispiel dafür ist die Vermenschlichung der Götter und Göttinnen in den Anfangskapiteln der *Ynglinga Saga* von Snorri Sturluson, wo die Mythen in eine Pseudogeschichtsschreibung zur Erbauung christlicher Leser verkehrt werden und Odin, Frigg und andere als bloße Sterbliche auftreten.

Die Frau in der nordischen Gesellschaft

Wenn man das historische Faktenmaterial betrachtet, könnte es vordergründig den Anschein haben, als würde sich ein moderner Mythos bestätigen, weil die Rolle der Frau in der nordischen Gesellschaft bisher nicht zur Sprache gekommen ist. Es wäre jedoch ein schwerer Fehler, daraus zu schließen, daß Frauen als unbedeutend oder unwichtig angesehen wurden. Hinter jedem großen Mann stand in Wirklichkeit eine große Frau, ob sie nun Mutter war, Geliebte, Schwester, Gattin oder sogar Stiefmutter. Die Frauen in den Nordländern waren keineswegs nur die kleinen Heimchen am Herd, zu denen der Mythos sie gemacht hat. So wie die Göttinnen Freyja, Frigg, Idun, Sif und viele andere eine wichtige Rolle in der Mythologie und der Religion des Nordens spielten, so hatte die nordische Frau eine lebenswichtige Funktion in der nordischen Gesellschaft und Geschichte.

Von der Zeit des Tacitus bis zu der des Snorri Sturluson, also über 1100 Jahre lang, hatte die Frau eine einflußreiche

Rolle inne, was von den Männern sowohl begrüßt als auch respektiert wurde. Der Grund, weshalb heute nicht mehr darüber bekannt ist, liegt im Prinzip darin, daß die schriftlich festgehaltene Geschichte aus der Feder mönchischer Historiker stammte; und die Beziehung des Christentums zu Frauen war schon immer von Haßliebe geprägt. Es machte entweder gefühllose Gipsheilige aus ihnen oder verdammte und verhöhnte sie. Eins aber billigten ihnen diese Kommentatoren allesamt nicht zu – Einfluß. Doch trotz dieser Vorurteile und der dadurch bedingten Verschleierung gibt es hinreichend erhaltene Belege dafür, daß die Frauen des Nordens von ihren Männern wertgeschätzt wurden, ja daß man ihnen mit einer Fürsorglichkeit begegnete, die schon fast an die idealisierte Ritterlichkeit des Mittelalters grenzte.

Wenn wir die historischen und sexistischen Untertöne einmal ignorieren, deren Opfer die Frau wurde, entdecken wir aufs neue eine Kultur, in der die Frau dem Mann völlig gleichgestellt war, über eigenen Besitz verfügte und mit Liebe und Achtung behandelt wurde. Die Mitgift, die nach heutigem Brauch stets von der Frau an den Mann ausgehändigt wird, wurde dort vom Mann der Frau überreicht. Die Göttin Freyja war die Hauptvertreterin und -lehrerin des *seid* oder *seidr*, eines der wichtigsten und am wenigsten verstandenen Zweige nordischer Magie, wobei ihr bestbekannter Schüler Odin persönlich war. Die völlige Gleichberechtigung der Frau galt auf allen gesellschaftlichen und religiösen Ebenen, und schon Tacitus erwähnt, daß den Frauen eine gewisse Heiligkeit und eine prophetische Gabe zugesprochen wird. Weder war sich der Mann zu schade, den Rat der Frau einzuholen, noch ging er achtlos über ihre Antworten hinweg.

Leider finden sich selbst unter den modernen Verfechtern der nordischen Mysterien solche, die die untergeordnete Rolle der Frau propagieren und damit ihre eigenen,

43

oft durchaus beachtlichen Leistungen auf anderen Gebieten schmälern. Wenn wir die nordischen Praktiken auf ausgewogene Weise rekonstruieren wollen, müssen wir, soweit wir nur können, wieder in diese Gesellschaft eintreten. Die damalige Kultur fußte auf einem stark ausgeprägten Freiheitssinn, doch wurde die persönliche Freiheit mit einer gründlichen Würdigung der Notwendigkeit von Verantwortung und Selbstbeherrschung abgewogen. Gleichheit war abhängig von Leistung, und sogar Sklaven hatten eigene Rechte und Pflichten und durften eigenen Besitz haben. Ihre einzige Verpflichtung bestand darin, ihrem Herrn einen Teil der Ernte abzugeben, was sie eher zu Pächtern macht als zu Gegenstücken der heruntergekommenen und häufig zu Tode geprügelten Pyramidenbauer Ägyptens.

Das Bild des Nordmanns

Das Bild vom Wikinger, wie es Fantasy-Autoren so sehr lieben, beruht auf drei wichtigen Faktoren. Als erstes wäre das Land zu nennen, in dem dieses Volk lebte, ein Land der harten Winter, der felsübersäten Fjorde und eisigen Gewässer, das sie auf die Suche nach zu erobernden Gebieten trieb. Ein weiterer Faktor ist die bereits erwähnte christliche Vorfärbung, die dazu geführt hat, daß die pragmatische Art der Nordvölker bedauerlicherweise – manchmal auch absichtlich – mißverstanden wurde. Die meisten Wikingerraubzüge begannen als Handelsreisen, doch wenn sie Schwächlingen begegneten, denen sie das Fell über die Ohren ziehen konnten, litten sie nicht gerade unter Vorbehalten. Schließlich befanden sich diese armseligen Wichte ja außerhalb der Gesellschaft und der Kultur, der die nordischen Völker angehörten.

Die Wikinger standen – und stehen noch immer – im Ruf, zu vergewaltigen und zu plündern. Bei den Vergewaltigungsvorwürfen handelte es sich wahrscheinlich um frühe Versionen des Bildes vom Seemann, der in jedem Hafen eine andere Braut hat, und wir sollten dabei nicht vergessen, daß dieses Volk ja zu den größten Seefahrern des finsteren Zeitalters gehörte. Gelegentlich fanden auch homosexuelle Vergewaltigungen statt, um Feinde zu entehren. Die Plünderung war schlichtweg die Umsetzung der Erkenntnis, daß die Leute, mit denen sie ursprünglich hatten Handel treiben wollen, schwach waren, so daß man sie getrost berauben konnte. Wieder bestimmte der schlichte Pragmatismus ihr Tun. Wie alle anderen Völker der alten Welt, einschließlich der hochzivilisierten Ägypter, die Rothaarige auf der Stelle opferten, geht alles, was man jenen antat, die nicht der eigenen Gesellschaft angehörten, als annehmbar und rechtschaffen. Es gab keine karmische Schuld und keinen rachsüchtigen Jahwe, der erst hätte besänftigt werden müssen. Man führte sich so auf, wie es die eigenen Gleichrangigen akzeptierten, und empfand dabei keine Schuld.

Das führt uns zum dritten Faktor, der Kultur selbst. Deren Grundlage war die Stärke, und man machte oft kurzen, wirkungsvollen Prozeß mit Eindringlingen, wie selbst die Römer feststellen mußten. Dennoch war diese Kultur, wie jeder weiß, der sich einmal mit ihr befaßt hat, reich an Kunst und Dichtung und brachte wunderschöne Literatur und Gegenstände hervor, die bis in unsere Zeit erhalten geblieben sind und von denen viele eine enge Beziehung zu den Runen aufweisen. Die Runenschrift war eben sehr viel mehr als nur ein Alphabet. Sie als »nordische Kabbala« zu bezeichnen heißt, sie zu loben und ihr gleichzeitig einen Bärendienst zu erweisen, denn die Unterschiede sind größer als die Gemeinsamkeiten, und die Kulturen, aus denen beide hervorgingen, sind viel zu verschieden. Die Runen sind der Kern der nordischen Mysterien.

DAS SPEKTRUM DER NORDISCHEN MAGISCHEN PRAXIS

Es ist unbestreitbar, daß die Runen einen integralen Bestandteil nordischer Religion darstellten. Sie werden in den meisten der uns erhaltenen Gedichte dieser Zeit erwähnt, ebenso in der Mehrheit der Sagas, die später nach mündlichen Überlieferungen schriftlich festgehalten wurden. Man sah in ihnen ein Geschenk des Odin, der obersten Gottheit des Pantheons, und sie dienten zugleich als sakrale und profane Schrift.

Es fällt uns heute schwer, uns eine Zeit vorzustellen, da die Fähigkeit zu schreiben das Privileg einiger weniger und nicht das selbstverständliche Produkt der Schulbildung aller war. Ebendies aber galt, was die Runen betraf, für die Epoche der Wikinger und die Zeit davor. Die Kunst des Schreibens blieb einigen wenigen vorbehalten, und wir können uns den magischen Effekt ausmalen, der ihnen zu eignen schien: eingeritzte Zeichen, die sich in Wörter verwandelten, welche sich immer wieder unverändert wiederholen ließen!

Diese Mischung aus Heiligem und Profanem wurde durch die Tatsache unterstrichen, daß das Wissen um ihre Nutzung in den Händen vergleichsweise weniger Menschen lag. Der Runenmeister konnte den Worten seiner Zeitgenossen Unsterblichkeit verleihen. Er oder sie (wir dürfen nie vergessen, daß es hinreichend Belege dafür gibt, daß die Frauen ihre Runen ebensogut kannten wie die Männer) schnitzte oder ritzte auf eine Weise, daß es von den wenigen, die die Schrift kannten, wiederholt werden konnte. Eine solche Fertigkeit mußte den vielen Menschen, die nicht darüber verfügten, geradezu übernatürlich erschei-

46

nen, und so dürfte uns die Hochachtung, mit der man dem Runenmeister begegnete, etwas verständlicher erscheinen.

Die Runatál

Odin und die Runen

Das nordische Gedicht *Runatál* unterscheidet deutlich in mindestens zwei unterschiedliche Abschnitte, die beide von großer Bedeutung sind, will man die nordische Magie und Runenkunst verstehen lernen. In den ersten Versen wird Odins Erlangung der Runen beschrieben, zu der er neun Tage und neun Nächte lang von der Weltenesche Yggdrasil herabhängt:

> Ich weiß, daß ich hing am windigen Baum
> neun lange Nächte,
> vom Speer verwundet,
> dem Odin geweiht,
> mir selber ich selbst
> am Ast des Baums, dem man nicht ansehn kann,
> aus welcher Wurzel er sproß.
>
> Sie boten mir nicht Brot noch Met;
> Da neigt ich mich nieder,
> nahm Runen auf, nahm sie ächzend!
> Da fiel ich ab zur Erde.
>
> Hauptlieder neun hört ich von dem hehren Sohn
> Bölthorns, dem Vater Bestlas,
> und trank einen Trunk des teuren Mets
> aus Odrörir geschöpft.
>
> Zu gedeihen begann ich und begann zu denken,
> wuchs und ward weise;

Wort aus dem Wort verlieh mir das Wort,
Werk aus dem Werk verlieh mir das Werk.

Runen wirst du finden und ratbare Stäbe,
sehr starke Stäbe,
sehr steife Stäbe.
Fimbulthul färbte sie,
Asen arbeiteten sie.
Sie ritzte der hehrste der Herrscher,
Odin den Asen, den Alben Dain,
Dwalin des Zwergen,
Alswidr den Riesen; einige schnitt ich selbst.

So ritzte Thund vor der Tage Beginn,
dort erhob er sich, von wo heim er kam.

Die achte Strophe ist besonders bemerkenswert:

Weißt du zu ritzen? Weißt du zu raten?
Weißt du zu färben? Weißt du zu forschen?
Weißt du zu bitten? Weißt du zu weihen?
Weißt du zu schicken? Weißt du zu töten?

Die neunte Strophe rundet alles mit einem Rat ab, der innerhalb jedes religiösen Systems als vernünftig gelten dürfte:

Besser ungebetet als übermäßig geopfert.
Die Gabe will stets Vergeltung.
Besser ungesendet als zuviel getötet;
So ritzt es Thund zur Richtschnur den Völkern:
Da erhob er sich, wohin er heimgekehrt war.

Anleitung zur Arbeit mit Runen

Die Acht ist eine der wichtigsten Zahlen der Runenmagie,
und die *Runatál* umfaßt eine Liste von acht unterschiedli-

chen Techniken, die der Runenmagier zu meistern hat. Gehen wir diese einmal der Reihe nach durch.

Die ersten drei erwähnten Techniken, das Ritzen, Lesen und Färben, dürfte auch der gewöhnliche Runenritzer beherrscht haben, beispielsweise der Verfasser der Inschrift Hariwulfs auf dem Stein von Bohuslän in Schweden. Der Betreffende hätte wohl sogar mit den ersten beiden allein auskommen können, die ja miteinander zusammenhängen. Will man Runen ritzen oder schneiden, muß man sie auch lesen können, sonst erhält man nur Kauderwelsch. Und eben dies findet sich auf einigen Objekten, auf denen runenähnliche Formen ohne jede Bedeutung an die Stelle echter Inschriften treten. Das weist darauf hin, daß die Nachfrage nach Runen und Inschriften entweder die Leistungskapazität ihrer Erschaffer überstieg, oder daß der Runenmeister einen gewissen gesellschaftlichen Status besaß, der von ehrgeizigen Zeitgenossen gern nachgeahmt wurde, die eigentlich nicht über das erforderliche Wissen verfügten.

Ritzen Beim Ritzen zu magischen Zwecken erfolgte eine Konzentration auf die Zeichen, um ihre Kräfte freizusetzen. Das dürfte wahrscheinlich ein Ritual für sich gewesen sein, bei dem die Runen gesungen oder gemurmelt wurden.

Lesen Zum Lesen gehörte das Wissen um die Runen und ihre Korrespondenzen, um sicherzustellen, daß auch das Richtige geritzt wurde, ob für profane oder für magische Zwecke. Es gibt zwar keine Belege dafür, daß der Runenmeister eine Art nordisches Äquivalent zu den druidischen 150 Oghams bewältigen mußte, aber sicherlich gab es Korrespondenzlisten, nach denen unbedingt zu verfahren war. Hier besteht auch eine enge Verbindung zur modernen Bedeutung des Worts »lesen« (beispielsweise in »Kartenlesen«), nämlich das Bemühen der Runen zum Zwecke der Weissagung.

Färben Das Färben hing vom verwendeten Material und der jeweiligen Zielsetzung ab. Die in Runenschmuck geschnittenen oder geritzten Symbole wurden häufig mit Niello hervorgehoben. Stehende Steine bemalte man, um die Ritzungen hervortreten zu lassen. Zu magischen Zwecken aber dürfte das Hauptfärbemittel wohl in der Mehrzahl der Fälle das Blut des Runenmeisters oder der -meisterin gewesen sein, das man durch Zufügung eines Schnitts oder bei Frauen während der Regelblutung gewann. Es gibt auch Grund für die Annahme, daß gelegentlich männlicher Samen Verwendung fand.

Nun könnte man einwenden, daß rote Farbe statt Blut doch hätte genügen müssen, doch werden die Runen dem Odin zugeschrieben, dessen heilige Farbe der Überlieferung nach Blau ist. Würde die bloße Färbung genügen, hätte man Zauberrunen blau gefärbt. Aus der Verwendung einer anderen Farbe dürfen wir schließen, daß die Ingredienzien dabei wichtiger waren als der Farbton und daß man Blut benutzte, weil es eben Blut war, und nicht als reines Färbemittel. Rot war die Lieblingsfarbe des Thor, und in späteren Zeiten finden sich häufig blutgefärbte Runen, die ihm aus eben diesem Grunde gewidmet wurden. In den meisten Fällen war das jedoch unangebracht, da das Rot des Thor ein Symbol der Liebe ist, was ja heute noch für die Farbe Rot gilt.

Das Blut zur Färbung der Runen sollte stets das des Runenmeisters selbst sein. Wenn Sie sich nicht trauen, sich selbst einen Schnitt zuzufügen, um die Runen zu färben, wie wollen Sie da jemals die Verantwortung dafür übernehmen, die Kräfte, die die Runen verkörpern, beschworen zu haben? Das Blut verbindet den Gegenstand mit seinem Hersteller und macht ihn zu einer wahren Erweiterung seines Begehrens.

Forschen (Prüfen) Das Forschen/Prüfen bezieht sich sowohl auf die zu ritzenden Runen als auch auf den Ritzer. Das Konzept der magischen Einweihung galt für den Runenmeister ebenso wie für jeden anderen, und das mündlich sowie durch praktische Vorführungen übertragene Wissen wurde nur jenen zuteil, die als würdig galten, deren Würdigkeit entsprechend »geprüft« worden war. Jede Inschrift mußte nach dem Schneiden oder Ritzen zunächst geprüft werden, bevor sichergestellt war, daß sie dem Runenmeister nützte. Erst dann wurde sie seinem Wissensschatz hinzugefügt.

Bitten Das Bitten oder Fragen steht ebenfalls in einem magischen Kontext und verweist zurück auf das Lesen. Dazu gehörte hinreichendes Wissen um die Bedeutungen und Korrespondenzen sowie die Zahlenkunde, die in Reiheninschriften (im Gegensatz zu Wortinschriften) verwendet wurden, damit sichergestellt war, daß der Zauber auch die gewünschte Wirkung zeitigte. Auch die Verwandtschaft mit dem Gebet sollte hier berücksichtigt werden, wiewohl eher in einem beschwörenden als in einem anflehenden Sinn.

Opfer/Weihe Bei der Opferung geht es um die Weihung der verwendeten Symbole, von denen jedes sowohl Bestandteil eines Ganzen ist als auch eine magische Ganzheit für sich. Das führt uns wieder zurück zu den Korrespondenzen, diesmal jedoch zu der magischen Kraft des jeweiligen Symbols innerhalb seines Kontexts.

Schicken Mit dem Schicken ist die eigentliche Aktivierung des Runenzaubers gemeint, also jener Prozeß, durch den der Zauber in Gang gesetzt wird. Wie jede andere Form der Zauberei muß auch ein Runenzauber gelenkt werden, und selbst wenn diese Lenkung bereits in der zielstrebigen Herstellung des Zaubers vermutet werden mag, stellt die zusätzliche Verstärkung des vollendeten Zaubers eine unausweichliche Gewißheit sicher, die einer deutlichen Willenserklärung entspricht.

Töten/Vernichten Hier geht es nicht um Todesmagie oder Verfluchen. Das Ziel des Zaubers wurde ja bereits durch die verwendeten Symbole definiert. Vielmehr ist damit die Vernichtung eines ungewollten Zaubers gemeint, die entweder von seinem Hersteller oder von einem anderen ausgeführt wird. In der *Egil Saga* wird dazu beispielhaft ein fehlerhaft geschnitzter Liebeszauber erwähnt, der zur Krankheit führt, und es wird geschildert, wie der Zauber erst vernichtet werden muß, bevor das Opfer wieder genesen kann.

Die Zauber der Runatál

Die achtzehn Zauber des Odinlieds oder der *Runatál* stellen die längste erhaltene Liste magischer Praktiken dar, die uns aufgrund ihres breiten Spektrums eine hervorragende Arbeitsgrundlage bietet. Indem wir jeden einzelnen Zauber untersuchen, erfahren wir seinen Zweck und erhalten in vielen Fällen auch Hinweise auf seine Anwendung.

> 1. Lieder kenn ich, die kann die Königin nicht
> und keines Menschen Kind…
> *Hilfe* heißt eins, denn helfen mag es
> in Streiten und Nöten und in allen Sorgen.

Dieser Zauber hebt das Gemüt und bringt Fröhlichkeit in Zeiten der Erkrankung. Die Feststellung, daß niemand ihn gemeistert hat, dürfte auch auf die anderen siebzehn zutreffen, denn Odin, der hier spricht, offenbart die Zauber zum ersten Mal.

> 2. Ein anderes weiß ich, des alle bedürfen,
> die heilkundig heißen.

Dies ist ein Heilungszauber, der den ersten ergänzt. Wer ihn verwendet, wird heilkundig.

> 3. Ein anderes weiß ich, des ich bedarf,
> meine Feinde zu fesseln.
> Die Spitze stumpf ich dem Widersacher;
> mich verwunden nicht Waffen noch Listen.

Hier haben wir es mit einem Kampfzauber zu tun, der die Gegner im Konflikt daran hindert, seinem Besitzer Schaden zuzufügen. Höchstwahrscheinlich wurde dieser Zauber als Talisman getragen, wahrscheinlich in einem entsprechenden Material und so offen, daß er deutlich zu erkennen war, um seinem Träger einen psychologischen Vorteil zu verschaffen.

> 4. Ein viertes weiß ich, wenn der Feind mir
> schlägt
> in Bande die Bogen der Glieder,
> sobald ich es dinge, so bin ich ledig,
> von den Füßen fällt mir die Fessel,
> der Haft von den Händen.

Dies ist ein Zauber, der streng genommen nicht des Ritzens bedarf, weil es dabei um die eigene Befreiung geht. Vielleicht wurden die Runen, abgesehen vom Ritzen, Färben und so weiter, auch auf andere Weise verwendet, etwa als Lautschwingung oder als Mittel zur geistigen Einstimmung.

> 5. Ein fünftes kann ich: fliegt ein Pfeil
> gefährlich
> übers Heer daher,
> wie hurtig er fliege, ich mag ihn hemmen,
> erschau ich ihn nur mit der Sehe.

Dieser Schutzzauber lenkt das Geschütz von seinem töd-
lichen Kurs ab und läßt es schadlos zu Boden fallen, vorausgesetzt, es wird rechtzeitig erblickt. Ein Zyniker könnte diesen Zauber so verstehen, daß er seinem Träger die
Fähigkeit verleiht, den Kopf einzuziehen.

> 6. Ein sechstes kann ich, so wer mich versehrt
> mit harter Wurzel des Holzes:
> den andern allein, der es mir antut,
> verzehrt der Zauber.

Dies ist ein Gegenzauber. Der geächtete Grettir, der sich
auf der Insel Drang vor der Küste Islands verschanzt hatte,
kam ums Leben, nachdem sein Gegner von einer alten
Hexe Runen in einen entwurzelten Baumstamm ritzen
ließ, der zur Insel hinübertrieb. Grettir versuchte, den
Baum zu zerhacken, um Feuerholz zu gewinnen, worauf
die Axt vom Stamm abglitt und ihm ins Bein fuhr. Die
Wunde schwärte, und er starb daran. Die Verwendung dieses Zaubers hätte das viel gefürchtete Gesetz der Vergeltung ausgelöst, demzufolge ein verhinderter Zauber auf
seinen Verhänger zurückfällt, was Grettirs Leben auf Kosten seines Gegners gerettet hätte.

> 7. Ein siebentes weiß ich, wenn hoch der Saal
> steht
> über den Leuten in Lohe,
> wie breit sie schon brenne,
> ich berge ihn noch:
> den Zauber weiß ich zu zaubern.

Hier haben wir es mit einem Feuerlöscher zu tun. Wenn
wir den Sagas Glauben schenken dürfen, war es eine zwar
unsportliche, aber übliche Praktik, jemanden in seinem eigenen Saal zu umzingeln und bei lebendigem Leib zu ver-

brennen, wie jeder weiß, der einmal die *Njal-Saga* gelesen hat.

> 8. Ein achtes weiß ich, das allein wäre
> nützlich und nötig.
> Wo unter Helden Hader entbrennt,
> da mag ich schnell ihn schlichten.

Mit diesem Zauber sollen Hitzköpfe beruhigt werden. Sein modernes Gegenstück wäre die Verhinderung einer Wirtshausschlägerei. In der nordischen Gesellschaft, in der es ein wenig zuging wie im Wilden Westen, was das schnelle Ziehen des Schwerts betraf, muß ein solcher Zauber äußerst nützlich gewesen sein. Ebenso der nächste:

> 9. Ein neuntes weiß ich, wenn Not mir ist
> vor der Flut das Fahrzeug zu bergen,
> so wend ich den Wind von den Wogen ab
> und beschwichtige rings die See.

Dieser Zauber macht Schiffe schwimmen und führt sie in einen sicheren Hafen. Es handelt sich um einen Wetterzauber für eine spezifische Gegend, und da die Nordsee das Haupthindernis auf jeder Reise aus den nordischen Ländern darstellte, war er lebenswichtig für Seefahrer, die ihr Heim noch einmal wiedersehen wollten.

> 10. Ein zehntes kann ich, wenn Zaunreiterinnen
> durch die Lüfte lenken,
> so wirk ich so, daß sie wirr zerstäuben
> und als Gespenster schwinden.

Die Übersetzung ist mehrdeutig; manche Gelehrte sprechen von Gespenstern, andere von Hexen. Der nordische Mythos und die nordische Magie spielten eine formende

Rolle bei der Entstehung des mittelalterlichen Hexenmythos. Das ist vermutlich der Grund, warum man hier sofort an Besenreiter denkt. Es wird auch eine Gestaltwandlung angedeutet, da (in einigen Übersetzungen) die Rede von Häuten ist, die abgeworfen werden. Auch soll der Zauber einen Schaden ausüben, der den physischen Leib beeinträchtigt.

> 11. Ein elftes kann ich, wenn ich zum Angriff soll
> die treuen Freunde führen,
> in den Schild sing ich's,
> so ziehen sie siegreich,
> heil in den Kampf, heil aus dem Kampf,
> bleiben heil, wohin sie ziehn.

Hier haben wir es mit einem weiteren Schutzzauber für die Schlacht zu tun. Die Tatsache, daß der Zauber gesungen wird, bedeutet nicht zwingend, daß er zuvor nicht schriftlich festgehalten wurde, wie es beim vierten Zauber der Fall war. Er wird hinter dem Schild gesungen und könnte durchaus das Rückgrat des Schilds bilden, ähnlich wie eine herausfordernde Inschrift auf dem Bossen des Schildes Teil seines Gefüges wäre.

> 12. Ein zwölftes kann ich, wo am Zweige hängt
> vom Strang erstickt ein Toter,
> wie ich ritze das Runenzeichen,
> so kommt der Mann und spricht mit mir.

Hier haben wir es mit echter Nekromantie zu tun. Das Hängen war die vorrangige Form des Odinsopfers und zudem eine Hinrichtungsmethode. Hier finden wir geritzte (in manchen Übersetzungen zudem auch noch gefärbte) Runen, die das Opfer wieder zum Leben erwecken. Der mittelalterliche Mythos von der Mandragora, die dort wuchs, wo der Gehenkte im Augenblick des Sterbens hinejakulierte (ja, das geschieht tatsächlich!), könnte ein Hinweis darauf sein, daß diese nekromantischen Runen der Färbung durch Sperma bedurften.

13. Ein dreizehntes kann ich, soll ich ein
Degenkind
mit Wasser bewerfen,
so mag er nicht fallen im Volksgefecht,
kein Schwert mag ihn versehren.

Wieder handelt es sich um einen Schutzzauber für die Schlacht. Der Akt des Wassergießens dürfte wohl der *schickende* Teil dieses Zaubers gewesen sein. Sicherlich ist hier nicht von der christlichen Taufe die Rede, die einen Vorteil im Kampf verschafft, sonst wäre der christliche König Olaf der Heilige nicht bei der Schlacht von Sticklestad im Jahre 1030 von Tore Hund getötet worden.

14. Ein vierzehntes kann ich, soll ich des Volkes
Schar
der Götter Namen nennen,
Asen und Alben kenn ich allzumal;
wenige sind so weise.

Hier haben wir die Bestätigung für die Komplexität der nordischen Theologie. Die Götter teilten sich in zwei Familien, die Asen und die Wanen, und die Wanen wurden häufig als Alben (Elfen) bezeichnet. Man mußte schon recht gebildet sein (wie es ein Runenmeister zu sein hatte), um die einen von den anderen unterscheiden zu können. Die meisten Menschen verehrten lediglich eine einzige Gottheit und wußten nur wenig über die anderen; diese

Verehrung wurzelte in der Familienüberlieferung und war weniger eine Frage der persönlichen Wahl.

> 15. Ein fünfzehntes kann ich, das Volkrörir der Zwerg
> vor Dellungs Schwelle sang;
> den Asen Stärke, den Alben Gedeihn,
> hohe Weisheit dem Hroptatyr.

Dieser Zauber ist insofern ungewöhnlich, als unser Erzähler (Odin) einräumt, daß er von einem anderen stammt. Volkrörir ist ein Zwerg, der sonst in der *Älteren Edda* nirgendwo vorkommt. Wörtlich übersetzt bedeutet Dellung »Tagesfrühling« oder Dämmerung. Der Überlieferung zufolge verwandelten sich Zwerge bei Anbruch der Dämmerung in Stein, und es ist gelinde gesagt interessant, daß der Zauber den Zwergen nichts nützt, verleiht er doch den Asen, den Wanen und Odin Macht, und es ist nicht die Rede davon, daß auch andere Wesen etwas davon hätten. Und doch muß der Zauber auch den Menschen etwas einbringen. Er verleiht Macht, Triumph und Wissen, die allesamt von den Menschen begehrt werden, und es gibt auch einen Hinweis darauf, daß die Macht des Sonnenlichts durch diesen Zauber auf eine bestimmte Weise gebändigt wird.

> 16. Ein sechzehntes kann ich, will ich schöner Maid
> in Lieb und Lust mich freuen,
> den Willen wandel ich der Weißarmigen,
> daß ganz ihr Sinn sich mir gesellt.

Dieser Zauber ist aus männlicher Sicht verfaßt, doch wie Freya Aswynn gezeigt hat, kann er für beide Geschlechter wirken. Hier geht es darum, die Zielperson dazu zu bringen, das vom Sprecher Gewünschte zu tun. Auch wird deutlich, daß die Sexualmagie eine Rolle in der nordischen Gesellschaft gespielt haben muß. Dies ist der Zauber, um sich den geliebten Partner zu verschaffen.

> 17. Ein siebzehntes kann ich, daß schwerlich wieder
> die holde Maid mich meidet.

Mit diesem Zauber bindet man den Geliebten oder die Geliebte an sich, den oder die man sich mit dem sechzehnten verschafft hat.

> 18. Ein achtzehntes weiß ich, das ich aber nicht singe,
> vor Maid noch Mannesweibe,
> als allein vor ihr, die mich umarmt,
> oder sei es, meiner Schwester.

Dieser Zauber ist von allen achtzehn am schwierigsten zu deuten oder zu kommentieren. Die einzigen Mitglieder des anderen Geschlechts, denen er erläutert werden darf, sind entweder Blutsverwandte oder Angeheiratete. Das bedeutet, daß ihm eine persönliche Macht eignet, die nur so lange persönlich und mächtig bleibt, wie sein Geheimnis gewahrt wird. Sein Zweck besteht wahrscheinlich in der Förderung einer persönlichen Vereinigung entweder mit dem/der Geliebten oder mit anderen Aspekten des eigenen Selbst. Für den Runenmeister, der sowohl in der physischen Welt als auch in den neun Welten der nordischen Mythologie lebt, zu der die Runen ihm Zugang verschaffen, könnte dies eine Möglichkeit sein, die Zwiespältigkeit aufzulösen, vor die ihn das Leben stellt.

Die beiden letzten Strophen der *Runatál* erklären sich jedem selbst, der sich jemals ernsthaft mit einer beliebigen magischen Disziplin beschäftigt hat.

Dieser Lieder, magst du, Loddfafnir,
lange ledig bleiben.
Doch wohl dir, weißt du sie,
Heil dir, behältst du sie,
selig, singst du sie!

Des Hohen Lied ist gesungen in des Hohen Halle,
den Erdensöhnen not, unnütz den Riesensöhnen.
Wohl ihm, der es kann, wohl ihm, der es kennt,
lange lebe, der es erlernt, Heil allen, die es hören!

Das Singen des Zaubers ist die letzte Stufe nach den beschriebenen acht zu seiner Herstellung. Erst das mündliche Rezitieren aktivierte den Zauber.

Es ist unmöglich, alle Aspekte der nordischen Magie in einem einzigen Text angemessen abzuhandeln, ich hoffe aber, daß das Obige Ihnen einige Einblicke in ihre Anwendungen und Techniken vermittelt hat, wie sie die *Runatál* preisgibt. Weitere Informationen zu diesem Thema folgen später.

Es muß immer wieder betont werden, daß die Runen ein hochgradig persönliches System darstellen. Dinge, die für den einen funktionieren, müssen nicht zwingend bei jedem anderen wirken. Es gibt kein leicht erschließbares Grimoire, auf das man zurückgreifen könnte, weshalb auch jedes Buch über dieses Thema seine eigene Methode schildert. Die beste Herangehensweise, und ebendiese versuche ich im Augenblick zu verfolgen, besteht darin, runische und magische Funde, erhaltene Texte und bekannte Vorgehensweisen miteinander zu verschmelzen, um einen fundierten Hintergrund zu schaffen, vor dem Sie dann Ihr eigenes System entwickeln können.

Die magischen Techniken des Nordens

Beispiele aus den Eddas und den Sagas zeigen uns, daß die Magie unserer nordischen Vorfahren ein erstaunliches Spektrum an Möglichkeiten abdeckte. Eine kurze Aufstellung der Themen und Techniken, die dem nordischem Magier zu Verfügung standen, könnte folgendermaßen aussehen:

Aussitzen
Beschwörungsgesänge
Bildermagie
Böser Blick
Gegenzauber
Gestaltwandlung
Nekromantie
Runendivination

Plattformmagie
Prophezeiung und Hellsicht
Sexualmagie
Todesmagie und Flüche
Kampfmagie
Zauberformeln
Gespensterkunde
Kräuterkunde (Wissen über Heilpflanzen und Gifte)

Wetter- und Elementmagie   Gedankenkontrolle

Einige dieser Techniken überlappen sich, beispielsweise ergänzen schamanische Praktiken die Kräuter- und Heilkunde.

Obwohl die Informationen aus den Eddas und Sagas oft von christlichen überlagert wurden, behalten sie ihre Gültigkeit, sofern man sie genau genug studiert, und bieten wertvolle Einsichten in die magischen Techniken des Nordens.

Gestaltwandlung

Das bekannteste Beispiel für Gestaltwandlung ist der Werwolf. Eine Figur in einer der Sagas, der Großvater eines formidablen Runenmeisters, trägt den Spitznamen, »Abendwolf«, weil man glaubte, daß er sich im Zwielicht in einen Wolf verwandelte.

Es gibt zahlreiche weitere Beispiele für Gestaltwandlung. In die Enge getrieben, versuchte ein Hexer namens

Askman aus seinem Haus zu fliehen, indem er die Gestalt eines Ebers annahm, wurde aber von einer brennenden Fackel niedergestreckt. Eine Zauberin namens Skroppa versuchte, sich selbst und ihre beiden Ziehtöchter zu verbergen, indem sie sich und die Töchter erst in Truhen aus Eschenholz verwandelte und danach in eine Sau mit zwei Ferkeln. In der *Ynglinga Saga* wird Odin selbst als Gestaltwandler beschrieben. Während sein Körper dalag, als schliefe er oder als sei er tot, pflegte er die Gestalt eines Vogels, eines Landtiers, eines Fischs oder eines Wurms (einer Schlange) anzunehmen, um fast im Nu ferngelegene Orte aufzusuchen.

Es gibt auch Berichte von klassischen Gestaltwandlerkämpfen. Einer davon fand zwischen einem jungen Mann und einem lappischen Hexer statt, die einander erst als Hunde und dann als Adler bekämpften. In einem weiteren Kampf zwischen Gestaltwandlern schlugen sich die beiden Nachbarn Storolf und Dufthak in der Gestalt eines Bären respektive der eines Ebers. Die Verwundungen, die sich ein Gestaltwandler in seinem Tierkörper zugezogen hatte, wirkten sich häufig auch auf seine menschliche Form aus, wie wir aus vielen Erzählungen wissen.

Zauber und Beschwörungen

Die Dichtung stellte eine mächtige Waffe im Arsenal des nordischen Magiers dar, und die Mehrzahl der Zauberformeln und Beschwörungen sind in Versform gehalten. Das ist ein Gebiet, auf dem sich die nordische Magie radikal von der kabbalistischen oder mittelalterlichen Zauberei unterscheidet, die sich auf lange Listen von Evokationsnamen stützt.

Prophezeiung und zweites Gesicht

Viele Ziehmütter berührten ihre Pflegesöhne, bevor diese in die Schlacht zogen, und konnten dabei ihre Verwundungen voraussehen. Die Zukunft ließ sich durch Träume in Erfahrung bringen, und die Geister der Verstorbenen kommunizierten auf diese Weise mit den Lebenden. Durch Zauberei lernte Odin das vorherbestimmte Schicksal der Menschen kennen. Auch Waffen konnten prophetischer Natur sein, beispielsweise eine Hellebarde, die ein lautes, hallendes Geräusch von sich gab, wenn ein Mann durch sie getötet werden sollte, oder eine andere, die kurz vor einer bevorstehenden Schlacht von Blut zu triefen begann. Die bedeutendsten Übermittlerinnen von Prophezeiungen waren jedoch die *Wölwas*, von denen eine im Gedicht *Völuspá* eine Rolle spielt.

Weitere magische Techniken

Die nordischen Völker verfügten über ein gründliches Wissen auf dem Gebiet der Heilkunde, sowohl durch Kräuter- als auch durch Talismananwendung, und sie machten häufig von zwei machtvollen Techniken Gebrauch, der Plattform-Magie und dem Aussitzen. Das Aussitzen soll an späterer Stelle noch ausführlich behandelt werden, hier wollen wir nur die Plattform-Magie kurz vorstellen. Die nordische Magie kennt keinen magischen Kreis. Statt dessen gab es drei andere Methoden, um den Magier von der Außenwelt zu isolieren: 1. Der Magier saß oder stand auf einer Ochsenhaut, die mit neun Quadraten bemalt war. 2. Aus Hürden oder langen Holzstücken wurde ein Grundgerüst mit neun Quadraten gebildet, und der Magier saß oder stand auf dem mittleren Quadrat. 3. Er saß oder stand auf einer Plattform, die meist von vier Pfosten getragen und so hoch über dem Erdboden aufgebaut wurde, daß jemand darunterkriechen konnte, was in mindestens einem Fall geschah, als nämlich in die Stützpfosten Runen eingeritzt wurden, die dem oben stattfindenen Ritual entgegenwirken sollten.

Die Anwender der Runen

Runen sind nicht nur von archäologischem oder sprachge-
schichtlichem Interesse. Sie erwachen vielmehr erst dann
richtig zum Leben, wenn man auch den Menschen begeg-
net, die sie verwendeten, und dank der Tatsache, daß die
Eddas und Sagas als Teil der nordischen Literatur erhalten
geblieben sind, ist dies auch möglich. Es ist ebenfalls möglich, genau herauszubekommen, wie die Runen in der
Vergangenheit magisch verwendet wurden, und weiter-
führend zu untersuchen, wie sie heute genutzt werden
können.

Wer die Egilsaga gelesen hat, kennt auch ihren Helden,
Egil Skallagrimsson, und weiß, was für ein unwahrschein-
licher Heros das war. Egil starb 990 an Altersschwäche,
doch während seines langen und ereignisreichen Lebens
bewies sich dieser große häßliche Mann als Bauer, Dichter,
Krieger, Wikinger und – was für uns hier besonders wich-
tig ist – als kompetenter Runenmeister. Er wurde von einer
Ziehmutter namens Thorgerd Brak aufgezogen, die ihm
wahrscheinlich die Runenkunde übermittelte, und die erste dokumentierte Begebenheit, da er Runen zu magischen
Zwecken benutzte, fand im Jahre 934 während eines Festes
auf der Insel Atley statt. Das Fest wurde von einem Mann
namens Bard zu Ehren des bekanntesten Wikingers aller
Zeiten abgehalten: Erik Blutaxt, Sohn des Großkönigs Harald Hellhaar von Norwegen, und seiner neuen Frau
Gunnhild Gormtochter, deren Vater König von Dänemark
war. Daraus läßt sich leicht ableiten, daß sich schon der
junge Egil in recht gehobenen Kreisen bewegte, obwohl er
nur der Sohn eines isländischen Bauern war, dessen Vater
im Ruf stand, ein Gestaltwandler zu sein.

Gunnhild war eine Hexe, die ihre Ausbildung bei lappischen Zauberern erhalten hatte, und Harald Hellhaar war
gegen Lappen und Hexen eingestellt, nachdem er einige

Zeit zuvor eine Frau geheiratet hatte, die gleich beides war. Daher mußte Gunnhild ihre magischen Fähigkeiten streng geheimhalten, selbst vor ihrem Ehemann Erik, obwohl dieser später davon profitierte, als er sich durch die Reihen seiner Brüder auf den Thron mordete. Ohne daß er einen Ton gesagt hätte, erkannte sie auf den ersten Blick, daß Egil sie würde bloßstellen können, und so ließ sie ihm einen vergifteten Becher um den Tisch reichen, damit er auf ihre Gesundheit anstieße.

Das war nicht gerade der klügste Schachzug, denn Egil begegnete der Gabe mit Argwohn. Er ritzte Runen in den Becher, stach sich in die Hand, färbte die Runen mit seinem Blut und sprach einen Vers über die gerötete Inschrift, um den Inhalt zu prüfen. Da brach der Becher auseinander, und das Getränk verspritzte, ohne Schaden angerichtet zu haben. Nun brach die Hölle los, und Egil floh von dem Fest, wobei er seinen Gastgeber Bard tötete; er mußte sich verstecken, und schließlich gelang es ihm zu entkommen.

Dies war der Beginn einer langen Haßliebe zwischen Gunnhild und Egil. Die beiden begegneten sich noch bei vielen Gelegenheiten und bekämpften einander magisch, und jeder hegte dem anderen gegenüber einen gesunden Respekt. Egil traf beispielsweise erneut auf Gunnhild, als Erik Blutaxt letzter Wikingerkönig von Northumbria war, und sie verlangte seinen Kopf. Ein Freund griff ein, berief sich auf die Gesetze der Gastfreundschaft, und so blieb Egil noch Zeit bis zum Morgengrauen des nächsten Tages, um ein Gedicht zu Ehren Eriks zu verfassen. Gunnhild betätigte sich als Gestaltwandlerin, um ihn daran zu hindern, scheiterte jedoch. Egil schrieb das Gedicht, das unter dem Titel »Kopf-Lösegeld« bekannt ist und das erste nordische Gedicht mit Endreimen darstellt, und es gelang ihm gegen jede Wahrscheinlichkeit, Erik hinreichend zu beschwichtigen, um mit dem Leben davonzukommen.

Von Egil wird berichtet, daß er bei zwei verschiedenen magischen Operationen auf die Runen zurückgriff. In der ersten, die in der Saga vor der Kopf-Lösegeld-Episode liegt, ging es um die Aufstellung eines Fluchstabs, um dadurch Erik und Gunnhild ins Exil zu treiben, nachdem sie Egils Frau um ihre Erbschaft betrogen hatten. Der zweite Vorfall ereignet sich später in seinem Leben, als er der Gast eines Manns mit einer kranken Tochter ist: Egil entdeckt ein Stück Walknochen unter ihrem Bett, und es stellt sich heraus, daß ein Jugendlicher aus der Gegend versucht hat, einen Liebeszauber zu ritzen, um ihr Herz zu gewinnen, dafür aber die falschen Runen verwendete. Egil kratzt die Runen ab und ritzt neue, die er mit einem Vers bezaubert und färbt, worauf das Mädchen wieder gesund wird.

Dichtung und Runen

Wie wir gesehen haben, geht es bei der magischen Verwendung der Runen um sehr viel mehr als um das bloße Schneiden oder Ritzen der Symbole. Besonders die Dichtung spielte dabei eine große Rolle. Man sagte ihr nach, das Geschenk des Odin zu sein, den man unter anderem auch für den Gott des Wissens und der Inspiration hielt. Und doch ist die Gabe der Dichtung eng mit den Wanen verknüpft, die fast immer sensibler, mitfühlender und künstlerischer dargestellt werden als die nach Macht strebenden Asen. Im *Flateyjarbók* wird von einem Mann berichtet, der auf dem Grabhügel eines verstorbenen Dichters nächtigt, um der Dichtkunst teilhaftig zu werden. In diesem Fall entspringt sie unterirdischen Mächten, die wiederum von den Wanen beherrscht werden. Die Vorstellung, daß die Gabe der Inspiration oder der Weisheit von dem Bewohner eines Grabhügels zu bekommen sei, findet sich in der *Völuspá* sogar bei Odin selbst.

Odrörir, der Skaldenmet der Dichtung, war das Produkt des Abkommens zwischen den Asen und Wanen, das schließlich zu einem vermischten Pantheon führte. Als die Götter beider Gruppen sich trafen, um über den Frieden zu verhandeln, spie jeder von ihnen in ein Gefäß. Aus dem Inhalt wurde ein weises Wesen namens Kwasir erschaffen, das alle Fragen beantworten konnte. Kwasir wurde von zwei Zwergen getötet, die sein Blut mit Honig mischten, um daraus Met herzustellen, der später in den Besitz des Riesen Suttung gelangte. Odin verbrachte drei Nächte mit Suttungs Tochter und überredete sie dazu, ihn dreimal von dem Met trinken zu lassen, wobei er ihn gänzlich leerte. Nachdem er in Gestalt eines Adlers zu den Asen zurückgeflohen war, spie er den geraubten Met in die bereitstehenden Gefäße, verlor dabei jedoch ein wenig von der Flüssigkeit. Dieser Rest wurde unter der Bezeichnung »Dichterlingsteil« bekannt. So kam es im nordischen Mythos zu der Verbindung von Odin mit der Dichtkunst.

Dichtung und Gesang waren unverzichtbar für jede Unterhaltung, und Lieder wurden zum Klang von Sängerharfen vorgetragen. Manchmal bestanden sie aus gnomischen Versen voller Weisheit, wie sie beispielsweise in manchen Abschnitten des *Hávamál* zu finden sind. Für Kriegergesellschaften gab es Balladen über heldenhafte oder mythische Taten der Vorfahren oder anderer Clanmitglieder. Und zur Abwechslung gab es auch Lieder oder Gedichte über andere Sippen oder germanische Völker, wie etwa jenes der Sänger am Hofe des Hrothgar, das sie vortrugen, als die Männer vom Kampf zwischen Beowulf und Grendel zurückkamen.

Zauber und Beschwörungen

Zauber und Beschwörungen kommen in vielen Geschichten unserer nordischen Vorfahren vor. Die Hexe Thurid benutzte beides bei ihren Bemühungen, den geächteten

Grettir ihrem Ziehsohn Thorbjorn Ongul auszuliefern. Die Belebung eines Zaubers, ob runischer oder anderer Herkunft, war ein wichtiger Bestandteil der nordischen Magie, und in der Runenkunst galt die Reihenfolge des Schneidens oder Ritzens, des Färbens und des Weihens oder Beseelens als unverzichtbare Praktik. Dies war auch die Technik, die Egil Skallagrimson, der selbst ein gefeierter Dichter war, benutzte, als ihm während des Fests auf der Insel Atley der vergiftete Becher gereicht wurde; und Snorri Sturluson überlieferte zumindest den Geist, wenn auch nicht die ursprüngliche Form des Zaubers.

Für Zauberformeln gab es zwei mögliche Versmaße. Das erste, das »Beschwörungsmaß«, setzte sich folgendermaßen zusammen: Die erste und die dritte Zeile besaßen jede vier Hebungen und wurden durch eine Zäsur in zwei Halbverse zu je zwei Hebungen unterteilt. Die erste betonte Silbe des zweiten Halbverses mußte entweder mit einer oder beiden im ersten Halbvers alliterieren. Die Verse zwei und drei waren nicht geteilt und besaßen jeweils nur zwei oder drei Hebungssilben und nicht vier. Vers fünf folgte demselben Schema wie Vers vier, mit einer leichten verbalen Variation des Inhalts. Das zweite Versmaß war das Liedmaß. Es unterschied sich vom Beschwörungsmaß nur darin, daß es keinen fünften Vers kannte.

Gustav Storms hat in *Anglo-Saxon Magic* nachgewiesen, welche Bedeutung dem gesprochenen Wort zukam. Einen Befehl auszusprechen galt als direktes Mittel, um das eigene Ziel zu erreichen. In der nichtliterarischen Welt der nordischen Magie glaubte man, genau wie bei den Angelsachsen, daß Worte die Macht verstärken konnten, die die Magie einem zugänglich machte. Die Art ihrer Aussprache konnte diese Macht entweder mehren oder schwächen. Gesungene oder im Singsang gemurmelte Wörter verstärkten den Zauber, und in der Dichtung sah man die mächtigste gesprochene Form von allen, sowohl wegen der besonderen sprachlichen und mnemonischen Fähigkeiten, nach der sie verlangte, als auch wegen der von ihr hervorgerufenen dramatischen Wirkung, wenn sie laut ausgesprochen wurde. Das Wort »Lied« und seine Äquivalente in den indoeuropäischen und anderen Sprachgruppen wurde benutzt, um magische Praktiken zu bezeichnen. Die Lappen, die Erzzauberer der Wikingerzeit, bezeichneten mit dem Begriff *runo* das Lied oder sogar die Beschwörung.

Hatte man einen Zauber einmal begonnen, mußte er ohne jede Unterbrechung zu Ende geführt werden, sonst konnte er an Wirkung verlieren. Nach seinem Kampf mit dem Riesen Hrungnir stak in Thors Kopf ein Stück Wetzstein. Die Zauberin Groa war gerade dabei, diesen mit Hilfe einer Beschwörung herauszuzaubern, als der Gott sie mit einer Nachricht von ihrem Sohn unterbrach. Als sie den Singsang wieder aufnehmen wollte, hatte er durch die Unterbrechung an Wirksamkeit eingebüßt, so daß das Stück Wetzstein in Thors Stirn steckenblieb.

Die Vorstellung, daß eine Unterbrechung eine magische Praktik zunichte machen kann, findet sich auch in der *Kormak Saga*, wo eine Hexe den Versuch unternimmt, den Helden aus einem Zauber des bösen Thorveig zu lösen. Kormak unterbricht den Opferritus, bevor alle dazu vorbereiteten Gänse geschlachtet wurden, und macht damit die Bemühungen seiner Befreierin zunichte.

Der Laut konnte nicht nur beim Verhängen von Zaubern, sondern auch bei ihrer Abwehr eine Rolle spielen. Leland deutet an, daß es den Hexen oblag, bis zum Ende auf alles zu achten, was in einem Versmaß gesprochen oder gesungen wurde. So war möglicherweise schon der bloße Akt der Weihung eine Form des Gegenzaubers, durch die andere daran gehindert wurden, den Zauber zu unterbinden, bevor er beendet war. Manche Zauber enthalten sogar eigene Formeln, die verhindern sollen, daß sie zunichte gemacht werden.

So wie der Laut von Bedeutung war, spielte auch das Schweigen oder die Stille ihre Rolle in den magischen Praktiken; möglicherweise wurde sie der Jungfräulichkeit gleichgesetzt, die in vielen späteren magischen Ritualen gefordert wurde. Genau wie es dort um eine Jungfräulichkeit der Absicht und weniger um eine biologische Tatsächlichkeit ging (die für das Opfer bestimmte jungfräuliche Ziege konnte durchaus bereits von einem Bock besprungen worden sein), ging es beim Schweigen ebenfalls um die Absicht. So brauchte also nicht unbedingt jedes Geräusch ausgeschlossen zu werden, sondern nur solche, die der ausgeübten Praktik fremd oder abträglich waren.

Die Eddas und Sagas bieten Belege dafür, daß die Beschwörung ein gängiger Bestandteil der allermeisten magischen Prozeduren war. Odin verwendet sowohl Kräuter als auch Beschwörungen, um den Kopf des Mimir vor dem Verfaulen zu bewahren und ihn dazu zu bewegen, die verlangten Orakelsprüche von sich zu geben. Odin selbst ist der wichtigste Lehrer der Beschwörungen und Zauberformeln. In der *Laxdaela Saga* wenden Kotkel und seine abscheuliche Familie Beschwörungen an, um einen Sturm gegen Thord Ingunnarsson auszulösen, der sie der Hexerei angeklagt hatte. Sie verwenden auch Beschwörungen gegen Hrut Hjerolfsson, nachdem sie auf sein Dach gestiegen sind (vielleicht eine Form der Plattform-Magie?), mit dem Effekt, daß sein jüngster Sohn, Kari, in der Nacht hinausgeht und durch ihre Zauberei umkommt.

Egil Skallagrimson verwendete bei mehreren Gelegenheiten Zauberformeln und Beschwörungen. Seine Verfluchung von Erik Blutaxt und Gunnhild beim Errichten des *Nid*-Pfahls läuft auf eine Beschwörung der Schutzgeister Norwegens hinaus, seinem Befehl zu folgen und die beiden zu vertreiben.

Beschwörungen waren auch ein wichtiger Bestandteil der Wetterzauber. In der *Vatnsdaela Saga* begleitet die

Hexe Groa ihr Tun mit einer gesprochenen Formel, während sie versucht, einen Erdrutsch heraufzubeschwören, der Ingimunds Söhne vernichten soll. In der *Fostbroeda Saga* kontert Grima einen ungünstigen Wind, indem er sich auf eine Anhöhe begibt und ein altes Lied rezitiert, das er in seiner Kindheit lernte. In der *Njails Saga* erkennt Svan, daß er und sein Trupp magisch angegriffen werden, und beschwört einen verschleiernden Nebel herauf, wobei er sein Tun mit einem entsprechenden Zauberspruch begleitet.

Die Macht der Dichtung

Die Überlieferung beschreibt die Dichter ebenso ehrfurchtvoll wie jene, die die Dichtung als Bestandteil ihrer Zauberei verwendeten. Der unmagische Thorleif hegte einen Groll gegen Jarl Hakon, nachdem dieser sein Schiff verbrannt hatte. Als Bettler verkleidet schlich er sich an Jarls Hof und rezitierte dort vor seinem Gegner ein Fluchgedicht. Dem unglückseligen Hakon setzte das Gedicht dergestalt zu, daß er ein heftiges Jucken zwischen den Beinen entwickelte und seinen Bart sowie an einer Kopfseite den größten Teil seines Haars einbüßte. Dieses Haar wuchs nie wieder nach. Doch dieses Gedicht wirkte nicht nur auf Jarl allein, sondern tauchte zugleich den Saal in Dunkelheit, ließ Waffen gegeneinander klirren und bewirkte, daß mehrere Männer tot umfielen. Endlich verlor auch Hakon selbst das Bewußtsein, was durchaus verständlich ist. Der isländischen Überlieferung zufolge bezichtigte das Gedicht Hakon des Mangels an Manneskraft, daher auch der Haarverlust und das Jucken an Körperstellen, die in aller Öffentlichkeit zu kratzen als unhöflich gegolten hätte. Eine andere Überlieferung stellt fest, daß manche, besonders begabte Dichter in der Lage waren, eine derart mächtige Verachtung vorzutragen, daß sich bei ihrem Opfer eine unmittelbare körperliche Wirkung zeigte.

Abgesehen von allen anderen Gründen, dürfte die Dichtung schon deshalb magisch gewirkt haben, weil sie so fremdartig war. Man neigt dazu, das Vertraute gerade wegen seiner Vertrautheit zu übersehen. Doch alles Ungewöhnliche, vor allem das, was nur sehr wenige verstehen, gewinnt durch eben diesen Kontrast an Beeindruckungskraft. In der *Vatnsdaela Saga* sprach Bard, als er den durch Ulfhedin magisch heraufbeschworenen Sturm vereitelte, als Teil seines Gegenzaubers »auf irisch«. Es ist sehr wahrscheinlich, daß dieser Ausdruck nicht das geringste mit der gälischen Sprache zu tun hat, sondern vielmehr jede beliebige Sprache oder Lautfolge, einschließlich des bloßen Kauderwelschs, bezeichnet, die sich fremdartig anhört und daher magische Wirksamkeit besitzt. Jedenfalls geben die verfügbaren Belege keinen Grund zu der Annahme, daß man die Iren für magisch kompetent hielt, und wenn, dann ganz bestimmt nicht im selben Ausmaß wie die Lappen oder die Wikinger selbst. Diese Mutmaßung zur Funktion der Fremdartigkeit wird durch das Vorgehen des zauberisch bewanderten Zwergs Mondul in der *Gonu-Hrolf Saga* gestützt. Mondul verhindert, daß die in der Schlacht Gefallenen auf magische Weise wieder zum Leben erweckt werden, um erneut in den Kampf ziehen zu können. Das tut er, indem er gegen den Uhrzeigersinn (gegen das »Deosil«, also gegen den Sonnenlauf) im Kreis schreitet und dabei pfeift, murmelt und in jede Himmelsrichtung haucht. Die damit erschaffenen Laute führen seine Zauberei über den normalen Bereich magischer Praktiken hinaus, so daß etwaige verwendete Gesänge, selbst wenn diese seinen Zuhörern bekannt gewesen sein sollten, durch die ungewöhnlichen Lauthinzufügungen neu, beeindruckend und fremdartig klingen mußten. In derselben Saga werden Zauberer bei der Plattform-Magie beschrieben, die nicht etwa Beschwörungen murmeln oder rezitieren, sondern vielmehr einen schrecklichen Lärm machen.

Die Bedeutung der Runen

Wie alle anderen Schriften auch, wuchsen und entwickelten die Runen sich durch ihren Gebrauch und nahmen in verschiedenen Landstrichen unterschiedliche Bedeutungen an. Die norwegischen, isländischen und angelsächsischen Runengedichte bieten uns alle Varianten, die beim Anfänger allerdings eher zur Verwirrung als zur Klärung beitragen. Aus diesem Grund habe ich in diesem Buch durchgängig die (rekonstruierten) gemeingermanischen Bezeichnungen verwendet.

Wenngleich die Rolle der Runengedichte aufgrund ihres vergleichsweise späten Datums suspekt scheinen muß, sobald wir versuchen, die frühesten Bedeutungen der Runenbezeichnungen in Augenschein zu nehmen, hatten sie zur Zeit ihrer Niederschrift eine nützliche mnemonische Funktion. Höchstwahrscheinlich gab es auch ein Gedicht mit den Namen des gemeingermanischen Futhark, doch lag dieses wahrscheinlich zu früh oder galt in späteren Zeiten als zu geheim, um aufgezeichnet zu werden.

Die Deutung der Runen

Wie wir gesehen haben, hat jede Rune mindestens eine Bedeutung, die sie mit einer Vorstellung oder einem Gegenstand verknüpft. Viele Runen hatten sogar zwei oder drei mögliche Bedeutungen.

FEHU: Die Bedeutung dieser Rune ist »Vieh«, ein lebenswichtiger Aspekt in jeder Agrargesellschaft und ein wichtiger wirtschaftlicher Faktor unter Menschen, die den Gebrauch des Geldes ursprünglich nicht kannten. Die Rune steht für errungenen oder verdienten Besitz und demzufolge auch für materiellen Zugewinn.

Das angelsächsische Runengedicht beschreibt den Reichtum als Trost aller Menschen, um dann hinzuzufügen, daß sie ihn freigebig verteilen müssen, wenn sie vor dem Antlitz des Herrn Gunst zu erlangen hoffen. Dabei handelt es sich jedoch nicht um die christliche Interpolation, die es auf den ersten Blick zu sein scheint, denn das Verteilen von Belohnungen und die Großzügigkeit spielen in einem großen Teil der erhaltenen Literatur der Sagas eine herausragende Rolle. Wie wir später noch sehen werden, gibt es sogar eine »Geschenkrune«.

Die norwegischen und isländischen Runengedichte sehen die Sache etwas zynischer und betrachten den Reichtum als Ursache der Zwietracht unter Sippenmitgliedern. Das norwegische Runengedicht (NRG) vergleicht ihn mit dem Wolf im Wald, während der isländische Text (IRG) mit dem »Feuer des Meeres« und dem »Pfad des Grabesfisches« deutlich auf die Beseelung von Wikingerpraktiken anspielt.

Die Rune kann dem Frey oder der Freyja zugeschrieben werden. Dem Frey wurden Ochsen geopfert, wie es in der *Gislisaga* und in der *Viga-Glum Saga* beschrieben wird. Das IRG schreibt dieser Rune auch die Bedeutung »Gold« zu, und sowohl das Gold als auch der Bernstein, der von Tacitus als eine der Handelswaren der Aestii erwähnt wurde, die bei den Römern einen guten Preis einbrachten, werden in nordischen Mythen »Tränen der Freyja« genannt. Bezeichnenderweise sagte man den Aestii nach, daß sie die Göttermutter verehrten und ihr Emblem trugen, den wilden Eber. Darin werden wir später noch eine weitere Verbindung zu Frey, Freyjas Bruder, erkennen; und wenn Freyja im späteren Mythos auch eher die Hure der Götter als ihre Mutter verkörpert, wurde sie doch auch mit Frigg gleichgesetzt.

Das Halsband Brisingamen, das Freyja damit bezahlt, daß sie mit den vier Zwergenhandwerkern schläft, die es schufen, ist das Symbol ihres Reichtums. Der reiche Gott Njörd, ihr Vater, wird hier ebenfalls impliziert, doch können wir ihm erst seinen richtigen Platz zuweisen, nachdem wir *Laguz* untersucht haben.

Zweifellos wurden den Runen – sowohl in ihrer Funktion als Buchstaben wie auch als Merksymbole – Korrespondenzen zugeschrieben. Wenn wir die Verbindung von Fehu zu Freyja weiterführen, müssen wir die folgenden Korrespondenzen erwähnen: Freyja findet ihren vermißten Ehemann Odin unter einer Myrte. Es heißt, daß nordische Bräute Myrtenkränze trugen, möglicherweise als Symbol der Defloration in der ersten Nacht. Der Schmetterling wurde »Freyjas Henne« genannt. Katzen waren der Freyja heilig und zogen ihren Wagen. Die Katze ist in Skandinavien noch nicht lange heimisch, und so wurde die Deutung vorgeschlagen, daß es sich bei den Wesen, die den Wagen zogen, eigentlich um Hermeline gehandelt hat. Diese hätten dann auch die weißen Katzenfellhandschuhe der *Wölwa* in der Saga von *Eirik dem Roten* liefern können. Damit ein Tier als *Köttr*, also Katze, bezeichnet wurde, mußte es vor allem über jene Fähigkeit verfügen, die der Katze und dem Hermelin gemein ist, nämlich Mäuse zu fangen.

Mit dem Eintreffen des Christentums wurden alle nordischen Götter zu gemeinen Dämonen herabgestuft, und Freyja wurde zur Schutzpatronin der Hexen. Ihr heiliges Tier, die Katze, wurde zum archetypischen Begleiter der Hexe oder zum tierischen Boten zwischen dem christlichen Teufel und ihr selbst. Auch zwei ihrer heiligen Vögel, die Schwalbe und der Kuckuck, fielen auf diese Weise in Ungnade. Eine Gleichsetzung des nordischen Heidentums mit dem späteren Hexentum ist keineswegs so phantastisch und spekulativ, wie es zunächst scheinen mag. Zahlreiche Autoren haben diese Identifikation bereits vollzogen, und tatsächlich waren die Hexenverfolgungen in erster Linie ein nordeuropäisches Phänomen.

Über Nerthus, die man als Göttermutter bezeichnen könnte, sagt Tacitus, daß ihr Wagen von Kühen gezogen wurde. Zwei von Freyjas Titeln lauten *hörn* und *syr*, wobei die erste Bezeichnung »Jauche« meint und die zweite »Sau«. Beide haben, so unterschiedlich sie auch sind, Verbindung zur Fruchtbarkeit, und die Sau wäre ein passendes Gegenstück zu Freys Eber.

Fehu wird wie das *f* im heutigen Deutsch ausgesprochen.

ᚢURUZ: Diese Rune steht für den Auerochsen, das große, unzähmbare Wildrind Nordeuropas, das heute ausgestorben ist. Julius Cäsars Beschreibung in *De Bello Gallico* zufolge war er etwas kleiner als der Elefant und von der Farbe und Gestalt eines Bullen. Auerochsen verfügten über außerordentliche Kraft und Geschwindigkeit und waren auch außergewöhnlich wild. Die mit Abstand zielführendste Methode, um einen Auerochsen einzufangen, war die Fallgrube, und als Beweis für das bestandene Abenteuer wurden die Hörner des getöteten Tiers vorgezeigt. Die hatten eine gewaltige Größe und wurden an den Spitzen mit Silber verziert, um als Festkelche Verwendung zu finden.

So wurde der Auerochse zu einem Symbol großer Kraft und Schnelligkeit, und weil er für den Jäger eine so gewaltige Herausforderung darstellte, stand er auch für Männlichkeit an sich. Die Art, wie er sich gegen den Jäger verteidigte, war der eines Menschen vergleichbar, der sein Heim gegen Eindringlinge schützt, und bot eine weitere Parallele. Das angelsächsische Runengedicht (ASRG) beschreibt das Tier mit ähnlichen Begriffen wie Cäsar: Es ist sowohl stolz als auch »von großen Hörnern; es ist ein sehr wildes Tier und kämpft mit seinen Hörnern; ein großer Durchstreifer der Moore, ist es ein beherztes Wesen«. Im NRG findet sich die neue Bedeutung »Schlacke« und verblüffenderweise auch der Vers, in dem das »Rentier oft über den gefrorenen Schnee läuft«. Das ist ein Widerhall der Schnelligkeit des Auerochsen und läßt auf eine, wiewohl reduzierte, Kenntnis der früheren Bedeutung schließen. Im IRG findet sich die Bedeutung »Schauer«, wodurch die Kraft des edlen Tiers zur Macht des Regens wird, der auf Feldfrüchte und Vieh herabprasselt.

Der Bulle war dem Thor geweiht, und sicherlich unterstreicht die Kraft des einen seine mögliche Korrespondenz mit dem anderen. Auch »Erfolg« könnte eine Bedeutung dieser Rune gewesen sein, wobei die Jagd auf den Auerochsen als ultimative Prüfung der Kraft und der Initiative galt.

Uruz wird wie das heutige deutsche lange *u* ausgesprochen.

THURISAZ: Die Bedeutung dieser Rune ist strittig, doch gilt sie im allgemeinen als unangenehm. Sie wurde schon als Riese, Troll und Dämon gedeutet, und man darf auch den »Dorn« aus dem ASRG nicht vergessen. Dies ist die Troll-Rune, wie sie im nordischen Gedicht *Skirnirs Pfad* verwendet wird. Als Dreierreihe benutzt, ist sie in der Lage, die Bedeutung der auf sie folgenden Runen zu verändern. Es heißt, daß ihr Gebrauch die Dämonen der Unterwelt beschwor, und man kannte sie auch als »Hrungnirs Herz«, nach der von Snorri Sturluson überlieferten Legende von der Tötung des Riesen Hrungnir durch Thor. Das Herz des Riesen soll dem Runenbuchstaben ge-

77

glichen haben, hatte es doch spitze Kanten und war drei-
eckig. Auf dem Brakteat 1 von Skane finden wir die Inschrift ▷, was sich vollkommen mit dieser Beschreibung
deckt.

Das ASRG nennt »Dorn« als Bedeutung für diese Rune.
Die Beschreibung eines Dings, das spitz ist und das zu be-
rühren Unheil bedeutet, ja das ungewöhnlich streng mit
jenen umgeht, die sich dazwischensetzen, trifft sowohl auf
die Feinde der Asen als auch auf Dornen zu. Das NRG und
das IRG bewahren die Bedeutung »Riese« und schreiben
diesen Wesen eine Neigung zur Frauenquälerei zu. Dabei
könnte es sich durchaus um eine sexuelle Anspielung handeln, da das Konzept des Dorns und das des Penis nicht
unverwandt sind, wie es sich ja noch in der heutigen Um-
gangssprache (beispielsweise in dem sexuellen Ausdruck
»stechen«) findet.

Die Gestaltwandlungsmacht dieser Rune ist die gleiche,
wie man sie Trollen oder Ogern zuschreibt. Daß sie kaum
förderlich ist, wird durch den Kommentar im NRG bekräftigt, daß nämlich »Unglück nur wenige Menschen
fröhlich macht«.

Thurisaz wird mit stimmhaftem *th* wie im englischen
»thin« ausgesprochen.

ᚨ ANSUZ: Diese Rune bedeutet Gott oder Gottheit,
vor allem der Asen, und als solche wird sie in der Regel deren Anführer Odin zugeschrieben. In späteren
Zeiten sah man Odin auch als Windgott und Anführer der
Wilden Jagd aus entkörperten und verdammten Seelen, die
er auf Sturmwolken durch die Luft führte. Die Gehenkten
waren ihm heilig, da er selbst von der Weltenesche Yggdrasil gehangen hatte, um die Runen zu empfangen, und gelegentlich opferte man dem Odin auch durch Erhängen.

Das ASRG nennt diese Rune *Os* und preist sie als Ur-
quelle aller Sprache, als Segen und Freude und Trost der

Weisen. Im NRG steht *Oss*, womit ein Landsitz gemeint ist, und es beschreibt sie als den Ausgangspunkt der meisten (Wikinger-)Fahrten. Eine weitere geheimnisvolle Glosse formuliert, daß eine »Scheide zu Schwertern gehört«. Das IRG deutet Oss als Gott, wobei es aus diesem ausdrücklich Odin macht, indem es hinzufügt: »Prinz von Asgard und Herr von Walhall«. Für den Fall, daß dies den Sinn nicht deutlich genug wiedergeben könnte, bezeichnet die lateinische Glosse im IRG die Rune auch als »Jupiter, Vater der Götter« was Odin zweifellos war – in den meisten Fällen sogar körperlich.

Das ASRG enthält auch einen Vers für *Aesc*, die »æ«-Rune des angelsächsischen Futhark, die den Platz von Ansuz eingenommen hätte, wäre dieser nicht bereits von Oss besetzt gewesen. Die Gleichbedeutung lautet hier »Esche«, von der gesagt wird, das sie sehr hoch und dem Menschen außerordentlich wertvoll sei und daß ihr kräftiger Stamm beharrlichen Widerstand biete, selbst wenn er von vielen angegriffen wird. Die Esche ist das irdische Gegenstück zum Weltenbaum Yggdrasil, und diese Bedeutung verstärkt die Verbindung der A-Rune mit Odin/Gott. In der Tat bedeutet Yggdrasil »Yggs Pferd« und auch »Yggs Galgen«, denn hier hing Odin, als er die Runen entdeckte, was die Esche zu einem der heiligen Bäume sowohl der Runenkunde als auch der nordischen Mythologie macht. Einem Autor zufolge halten sich unter ihren Ästen keine giftigen Tiere auf. Wagen mit Achsen aus Eschenholz fuhren angeblich schneller, und Werkzeuge mit Eschengriff sollen dem Handwerker bessere Handhabe geboten haben. Hexen ritten auf Eschenästen, und Eschenholz gibt auch den idealen Besenstiel ab. Wer in der Johannisnacht die roten Blüten dieses Baumes verzehrte, wurde immun gegen Behexung. Yggdrasil wird, wie erwähnt, auch als Yggs oder Odins Pferd oder Galgen bezeichnet. Als Entdecker der Runen ist Odin zugleich der Zauberer der Götter, und seine Magie ist daher stets mächtiger als die aller anderen. Zu seinen berühmtesten Verehrern gehörte der Runenmeister Egil Skallagrimson.

Der Speer war Odins herausragendste Waffe, und Eschenholz war der bevorzugte Werkstoff zur Herstellung von Speerschäften. Der Kasten, in dem Idun die Äpfel aufbewahrte, die die Götter am Altern hinderten, bestand ebenfalls aus Eschenholz.

Ansuz wird wie das heutige deutsche *a* in »statt« ausgesprochen.

R RAIDO: Dieser Rune wurden zahlreiche Bedeutungen zugeschrieben, so etwa »Reise«, »Wagenrad«, »Ritt«, »lange Reisen zu Pferde« sowie »Karren« oder »Streitwagen«. Wahrscheinlich diente die Rune als Reisezauber, der die Lebenden wie die Toten beschützte, und es spricht auch einiges dafür, sie dem Gott Thor zuzuordnen. Das altnordische Wort *reid* konnte sowohl ein Radfahrzeug als auch Donner bedeuten. Der Donner wurde durch den von zwei Ziegenböcken gezogenen Streitwagen hervorgerufen, in dem Thor über den Himmel fuhr.

Das ASRG nennt diese Rune *Rad*, bietet dafür aber keine klare Bedeutung an. Der Glosse zufolge scheint *Rad* »leicht für einen Krieger im Gebäude und sehr tapfer für jemanden im Ausland zu Pferde« zu sein, was gut sowohl zu der Bedeutung »Donner« als auch zu »Ritt« passen würde. Sowohl das NRG als auch das IRG bieten die Bedeutung »reiten« an, wobei das IRG in seiner lateinischen Glosse auch noch *iter* oder »Reise« hinzufügt. Das NRG gibt sich wieder etwas kryptisch mit seiner Bemerkung, daß Regin, der Meisterschmied und Ziehvater Sigurds und Bruder des Drachen Fafnir, das beste aller Schwerter schmiedete.

Thor steht in enger Verbindung zur Eiche, und es gilt als allgemein anerkannt, daß der Gott der Eiche, jenes Baumes, der öfter als alle anderen vom Blitzschlag getroffen wird, auch der Gott des Donners ist. Das ASRG bietet auch einen Vers für *Ac*, die »ai«-Rune, und beschreibt, wie die Eicheln das Schwein für den Tisch des Menschen mästen, sowie das für den Schiffsbau verwendete Holz, das von der Eiche stammt. Die Eiche stellt auch das Holz für das Julfeuer, und es wäre sehr passend gewesen, das Holz, das bei Thors Hauptfest verbrannt wurde, von diesem Baum zu holen. In Island werden Eichensäulen mit Thor in Verbindung gebracht, so in der *Eyrbyggja Saga*, wo Thorolf Mostur-Bart seine aus Eichenholz gefertigten Hochsitzsäulen über Bord wirft, um zu bestimmen, wo er siedeln soll, wobei er sich für die Stelle entscheidet, an der sie an Land geschwemmt werden. Hier, wie auch an anderen Stellen, zeigt sich, daß das in den zusätzlichen Versen des ASRG enthaltene Material zur Kommentierung der zusätzlichen Buchstaben einer früheren, inzwischen verschollenen Quelle entnommen wurde.

Diese Rune wird nach den Regeln des heutigen Deutsch ausgesprochen.

KAUNAZ: Wie für *Raido* gibt es auch für diese Rune keine unmittelbare und eindeutige Interpretation. Zu den genannten Bedeutungen gehören »Fakkel«, »Licht«, »Furunkel«, »Abszeß« und »Magengeschwür«. Im ASRG lesen wir »Fackel, die wir alle an ihrer fahlen hellen Flamme erkennen«, und das Gedicht fügt hinzu, daß sie stets brennt, wo Prinzen sich in einem Gebäude aufhalten. Das könnte man ebensogut als Fieber lesen, und die weniger einmütigen Wiedergaben im IRG und im NRG sind sich darin einig, das die wahrscheinlichste Deutung dieser Rune mit irgendeiner Art von Unbehagen oder Krankheit zu tun haben muß. Beide Texte vermuten im Magengeschwür die wahrscheinlichste Bedeutung, und das IRG mit seiner »Krankheit, tödlich für Kinder, schmerzhafte Stelle und Sitz der Sterblichkeit« läßt nur wenige Fragen offen, wie auch seine lateinische Glosse *flagella*. Das NRG bietet eine unmittelbare Parallele zum ASRG, indem es feststellt, daß diese Rune »einen Mann fahl werden läßt«.

Zu den weiteren möglichen Deutungen gehört auch die Assoziation mit der Kremierung sowie die Korrespondenz zu *Kano*, Skiff, dem heiligen Fahrzeug der Nerthus. Nach wie vor jedoch scheint eine Form von brennendem Schmerz oder Fieber die wahrscheinlichste Interpretation.

Die Rune wird nach den Regeln des heutigen Deutsch ausgesprochen.

X GEBO: Diese Rune hat die Bedeutung »Geschenk«, wobei die Natur des Geschenks oder der Gabe mehrdeutig bleibt. Es könnte sich sowohl um das Opfer handeln, das der Mensch den Göttern darbietet, als auch um die Fülle, die die Götter dem Menschen schenken. Wenn der Mensch den Göttern etwas gibt, könnte man dies als religiösen Akt bezeichnen, während man in der Religion wiederum ein Geschenk der Götter an den Menschen sehen kann.

Von dieser Rune heißt es, daß sie vor dem Giftkelch schützt, und als solche mag sie Teil der Reihe gewesen sein, die Egil Skallagrimson bei Bards Feier ritzte, als Gunnhild ihm einen Giftkelch reichte. Bierfässer mit einem großen X oder einer *Gebo*-Rune als Zierde sind schon beinahe ein Klischee.

Dies war eine der Runen, die aus dem späteren skandinavischen Futhark entfernt wurde, und wir finden sie nur im ASRG kommentiert. Dort wird sie als *Gyfu* bezeichnet, was mit »Großzügigkeit« übersetzt werden kann. So heißt es, daß sie der eigenen Würde zur Anerkennung und Ehre gereicht, und im Sinne von »Wohltätigkeit« beschert sie Menschen in Not, Hilfe und Lebensunterhalt. Auch hier handelt es sich um Situationen, die sowohl zwischen

Mensch und Mensch als auch zwischen Mensch und Gott oder Gott und Mensch entstehen können.

Die Aussprache dieser Rune ist etwas knifflig. Sie wird nur selten als harter G-Laut wie in »Gott« artikuliert, sondern meist als weicher Laut, bei dem die Zunge weiter hinten am Gaumen anliegt, was ein langgezogenes rollendes *gh* ergibt.

P WUNJO: Die Bedeutung dieser Rune ist »Wonne/ Verzückung«, »Behaglichkeit« und sogar »Ruhm«. Darunter mag man die Unterstützung durch konkrete Besitztümer verstehen, in erster Linie stand sie aber für die Abwesenheit von Leid. Sprachwissenschaftlich läßt sich diese Rune gut mit dem germanischen *wulthuz*, Ruhm, und *winjo*, Weide, vergleichen, die beide ihre Bedeutung stützen. *Wulthuz* könnte auch mit dem nordischen Gott Ull assoziiert werden.

Das ASRG nennt *Wenne* Glückseligkeit, wie sie die Wohlhabenden und Zufriedenen genießen, die kein Leid, keine Sorgen und keine Angst kennen. Einer Meinung zufolge löst diese Rune Berauschung aus, was sie mit den gotischen Begriffen *woths*, wütend oder zornig, und der Zornesrune verbindet, die von Skirnir verwendet wurde. *Woths* stammt möglicherweise wiederum vom germanischen *wod-z* ab, das dieselbe Bedeutung hat und eine der wahrscheinlichsten Ableitungen von Odin darstellt. Im angelsächsischen »Neunkräuterzauber« vollbringt Odin Magie mit »Prunkstäben«, was uns fast im Kreis herumführt, wobei die Wahrheit irgendwo dazwischen liegt. Schließlich gibt es keinen Grund, weshalb diese »Prunkstäbe« nicht in Beziehung zu den »Ruhm-Runen« von *wunjo* stehen sollten. Die neun Zweige trugen die Runeninitialen der neun Pflanzen, für die sie standen, und wurden in Beziehung zu den diesen Pflanzen innewohnenden Kräften gesetzt.

Die Rune wird wie im heutigen Deutsch ausgesprochen.

H HAGALAZ: Diese Rune bedeutet »Hagel«, sowohl als Wettererscheinung wie auch als Geschoßhagel in der Schlacht. In beiden Fällen wird eine vernichtende und die Ordnung bedrohende Kraft angedeutet.

Das ASRG beschreibt den Hagel als »von weißestem Korn, aus den Gewölben des Himmels geschleudert und vom Wind verweht, bis er schließlich zu Wasser wird«. Das NRG stimmt dem zu, wobei es unpassenderweise hinzufügt, daß Christus in Urzeiten die Welt erschuf. Im IRG wird der Hagel ausdrücklich als Wettererscheinung mit seinem »kalten Korn und Schauer aus Schnee, Eis und Schlangenkrankheit« bezeichnet. Bei der »Schlangenkrankheit« handelt es sich um eine Kenninge oder ein dichterisches Bild für den Winter.

Sowohl als Wetterwaffe als auch als Erscheinung in der Schlacht, steht der Hagel für eine Kraft, die sich der Kontrolle des Individuums entzieht.

Die von den germanischen Völkern traditionell in der Johannisnacht bewegten Feuerräder, die Symbole aus der *Hällristningar* repräsentieren, wurden »Hagelräder« genannt. Sie dienten in diesem unsicheren Klima dazu, die reifende Ernte vor Hagelschäden zu schützen. Das legt die Vermutung nahe, daß die Macht dieser Rune magisch durch die Verwendung des Sonnenrads abgewendet werden konnte. Auch eine weitere Maßnahme gegen Hagel ist bemerkenswert, wurde sie doch von einem christlichen Bischof durchgeführt, obwohl ihr Gebrauch in heidnische Zeiten zurückverweist. Der betreffende Würdenträger nahm ein Stück Wachs aus dem Grab eines Heiligen und ritzte heidnische Zeichen – höchstwahrscheinlich Runen – hinein. Dieses Stück Wachs wurde dann an einem hohen Baum befestigt, um die Hagelschauer abzuwehren, die zuvor der Ernte des Bischofs zugesetzt hatten.

Diese Rune wird wie im heutigen Deutsch ausgesprochen.

NAUTHIZ: Diese Rune hat die Bedeutung »Not«, »Beschränkung« und sogar extreme »Qual«. Einige Kenner sehen darin eine Schicksalsrune und bringen sie mit den Nornen der nordischen Mythologie in Verbindung. Sie besaß die Macht, Hilfe zu beschaffen, wenn sie auf einen Fingernagel geritzt wurde, und so schwankt ihre Bedeutung zwischen Hilfeleistung und Überlebensnot. Während *Nauthiz* Hilfe leisten mochte, stellt das NRG selbstzufrieden fest, daß Beschränkung nur wenig Wahl bietet und daß ein nackter Mann bei Frost friert. Auch das IRG bietet die Bedeutung »Beschränkung« an, setzt die Rune aber mit der Notwendigkeit der Arbeit gleich, wodurch es eine Lösung für die damit zusammenhängenden Schwierigkeiten anbietet. In der Glosse wird die Rune mit dem lateinischen *opera* oder Arbeit umschrieben, was dies noch bestätigt. Nur das ASRG bietet eine gewisse Hoffnung, obwohl es den Runennamen als *Nyd* wiedergibt, was sich mit »Schwierigkeiten, Ärger« übersetzen läßt.

Die Rune wird wie im heutigen Deutsch ausgesprochen.

ISA: Diese Rune bedeutet Eis, das wie der Hagel eine prinzipiell schadenbringende Naturkraft darstellt. Das ASRG bezeichnet das Eis als sehr kalt und glatt wie einen Glasboden, aber als dennoch schön anzusehen. Das NRG nennt es die breite Brücke und fügt hinzu, daß der Blinde darauf geführt werden muß. Darin könnte man entweder eine kryptische Warnung oder einen einfachen, praktischen Rat für den Alltag sehen.

In der Glosse des IRG findet sich das lateinische *glacies* oder Eis, und dasselbe Gedicht bietet uns die Kennige »Flußrinde«, »Vernichtung der Verdammten« und »Wellendach« trotz der Tatsache, daß Salzwasser sehr viel schwerer gefriert als Süßwasser.

In einigen Interpretationen der Geschichte um Odins Werbung der Rind wird das Eis als die Macht bezeichnet, mit der er seine zukünftige Braut bindet. Sollte das zutreffen, könnte eine Fähigkeit dieser Rune darin bestehen, die Kraft eines Runenzaubers zu verstärken.

Die Rune wird wie im heutigen Deutsch ausgesprochen.

JERA: Zu den für diese Rune vorgeschlagenen Bedeutungen gehören »Jahr«, »Speer«, »Ernte«, »Jahr der Fülle« und »Jahr der guten Ernte«.

Sowohl das NRG als auch das IRG geben die Bedeutung Fülle wieder. Das IRG fügt noch einen guten Sommer und gedeihende Feldfrüchte an, um diese Aussage abzurunden. Kryptisch wie immer, setzt das NRG hinzu, daß der friedliebende Dänenkönig Frothi großzügig gewesen sei, was den mit dieser Rune verbundenen Gesamteindruck des Wohlstands verstärkt. Das IRG bietet die lateinische Glosse *annus*, Jahr, und im ASRG finden wir »Sommer«, wobei die Rune mit der Bezeichnung *Ger* wiedergegeben wird. Das leitet sich von *gear* ab, einem Wort, das ursprünglich den warmen Teil des Jahres bezeichnete.

Eine Jahreszeit der Fruchtbarkeit und der guten Ernte war für die Agrargemeinschaften in den klimatisch unbeständigen Nordländern im wahrsten Sinne des Wortes lebenswichtig.

Die Rune wird wie im heutigen Deutsch ausgesprochen.

EIHWAZ: Diese Rune bedeutet »Eibe«. Das Holz dieses Baumes galt in der Runenkunde als heilig, und es wurde für die Herstellung von Bögen verwendet. Der Jagdgott Ull errichtete seinen Saal in *Ydalir*, Eibental, und der Bogen galt als seine geheiligte Waffe.

Das ASRG und das NRG preisen die Eigenschaften des Baumes, der eine rauhe Rinde hat, hart und stramm in der Erde steht, ein Hüter der Flamme ist, eine Freude des Anwesens, der grünste aller Bäume im Winter und dessen Holz beim Verbrennen knistert. Nur im IRG lesen wir

»Bogen«; dieser wird als Werkzeug in der Schlacht und Beschleuniger des Pfeils bezeichnet, und die lateinische Glosse bietet das Wort *arcus*, Bogen, an. In christlicher Zeit wich Ull dem heiligen Hubertus, dem Jäger und Schutzpatron des ersten Jahresmonats. Ull galt als Wintergott, und der erste Monat begann passenderweise am 22. November, wenn die Sonne in das Zeichen des Schützen eintrat.

Im christlichen Mythos war die Eibe sowohl ein Hilfsmittel als auch ein Hindernis für Hexen. Manchmal galt es als förderlich, sie in die Nähe von Kirchen zu pflanzen, was einen blasphemischen, aber nicht genauer ausgeführten Vorteil mit sich brachte. Anderen Quellen zufolge beschützte sie die Kirchhöfe vor den dämonischen Künsten dieser üblen Kreaturen. Gewiß war sie der dritten Hexe im *Macbeth* von Nutzen, die unter anderen Zauberingredienzien auch »Eibensplitter, gespalten zur Finsternis des Mondes« verwendete. In der deutschen Volksüberlieferung galt die pulverisierte und gebackene Eibe als hervorragendes Mittel gegen den Biß eines tollwütigen Hundes.

Die Rune wird wie im heutigen Deutsch ausgesprochen.

PERTHO: Die Bedeutung dieser Rune stellt vielleicht das größte Rätsel des gesamten Futhark dar. Die Versuche ihrer Deutung reichen von »Tanz« über »Obstbaum« bis »Herd«. Das ASRG bietet »Schachfigur« als Bedeutung an, um sie als Quelle des Zeitvertreibs und der Belustigung der im Bankettsaal versammelten Großen zu beschreiben. Doch während er dies zitiert, merkt Dikkins auch einen Vergleich des Runennamens mit dem slawischen Wort *pizda* oder Vulva an. Damit wäre die Rune der Frigg als Mutterfigur der Götter heilig und böte eine unmittelbare Parallele zu der im Kern männlichen Fruchtbarkeit, wie sie sich in der später noch zu behandelnden Rune *Inguz* findet. *Pertho* wurde auch als Symbol für die

Zauberkraft der Erde bezeichnet, und zwar durch die angenommene Ableitung vom lateinischen *petrus*, Fels.

Eine kurze Betrachtung der anderen Bedeutungen könnte die Dinge etwas klarer machen. Der Tanz gehörte zu den frühesten symbolischen Gottesdienstformen, möglicherweise wegen der erotischen Erregung, die er auslösen konnte. Gewiß konnte er in manchen seiner Bewegungen auch Parallelen zum Sexualakt aufweisen. Seine Unterdrückung durch das Christentum, die wahrscheinlich während des Konzils unter Bonifacius im Jahre 742 beschlossen wurde, und die Gleichsetzung des Wortes *lâc* sowohl mit religiöser Zeremonie als auch mit Tanz im ARG, geben einen untrüglichen Hinweis, wenn wir uns nur vor Augen halten, daß *lâc* die zweite Silbe des angelsächsischen Begriffs für das noch heute im Englischen gebräuchliche *wedlock* (deutsch: »Ehe«) bildet.

Ein möglicher Kandidat für den Obstbaum dürfte der Holunder sein. Noch heute wird er volkstümlich gern als »Teufelsholz« bezeichnet, weil er sich so schwer verbrennen läßt. Holunderholz wird mit der Hexerei in Verbindung gebracht, und der Name soll sich aus dem slawischen *hohl*, hohl, ableiten, das selbst wiederum ein Synonym für die weiblichen Geschlechtsteile ist. Bekannt sind Holunderblüten und Beeren als Ingredienzen für den Wein, Odins berauschendes Grundnahrungsmittel. Die Ansicht der Kirche, die in der Hexerei ein vorwiegend weibliches Phänomen sah, verstärkt, in Verbindung mit dem »Teufelsholz« und der Ableitung des Namens von einem Synonym für die weiblichen Geschlechtsorgane, die Interpretation »Vulva« für diese Rune. Holunder wird häufig zur Schmerzlinderung verwendet, und der therapeutische Wert des Geschlechtsverkehrs ist gut genug bekannt, um keiner weiteren Kommentare zu bedürfen.

Die Rune wird wie im heutigen Deutsch ausgesprochen.

ᛦALGIZ: Diese Rune legt Verteidigung und Schutz nahe, möglicherweise sogar in Form eines Amuletts oder Tempelheiligtums, und sie ist verwandt mit dem gotischen *alhs*, Tempel, sowie dem altenglischen *ealgian*, schützen. Möglicherweise liegt hier auch eine Beziehung zu dem geheimnisvollen Runenwort *alu* vor. Die Rune wurde auch schon mit dem Elch gleichgesetzt, von dem Cäsar berichtet, daß er aufrecht an einen Baum gelehnt schläft, um dem Jäger leichter zu entgehen, so daß sie in gewisser Hinsicht auch ein Symbol der Erhaltung angesichts der Feindseligkeit darstellt.

Verwirrenderweise bietet uns das ASRG die Bedeutung einer Schilfgrasart an, wie man sie in Mooren findet, und spricht von schrecklichen Wunden, die es jedem zufügt, der es unvorsichtigerweise streift. Somit hätten wir es mit einem hervorragenden Schutz vor Entwurzelung oder vor dem Aufgefressenwerden zu tun.

Die Ähnlichkeit der Rune mit einer ausgestreckten Hand, deren Fläche nach außen oder oben zeigt, wurde schon von einigen Autoren bemerkt, und auch sie deutet eine schützende Kraft an, die das Böse abwenden oder bannen kann. Zwar handelt es sich dabei um eine verlokkende Bestätigung der Bedeutung der Rune, doch hat sie auch den Nachteil, in das hochspekulative Gebiet der piktographischen Bedeutungen zu führen. Das hat schon manchen Möchtegerninterpreten zu groben Schnitzern verleitet, und doch sollte man noch auf die Ähnlichkeit der Rune mit dem Geäst von Eschen-, Walnuß- oder Lindenbäumen hinweisen, unter denen Hexen sich der slawischen Zigeunerüberlieferung zufolge bei Vollmond zu treffen pflegten.

Die Aussprache dieser Rune liegt zwischen einem *s* und einem *r*.

SOWULO: Diese Rune steht für die Sonne, den Himmelskörper, von dem alles Leben abhängt und der seit Urzeiten einer der Hauptgegenstände aller Verehrung ist. Cäsar bemerkte, daß die Germani sowohl die Sonne als auch den Mond verehrten, und beide Lichter dürften eine sehr wichtige Rolle im Alltagsleben gespielt haben, da sie zusammen die Jahreszeiten und die Gezeiten regelten.

Das ASRG beschreibt diese Rune als Hoffnung der Seefahrer, im NRG gilt sie als Licht der Welt, und das IRG nennt sie poetisch den Schild der Wolken, den leuchtenden Strahl und entweder den Zerstörer des Eises oder das kreisende Rad. Die lateinische Glosse lautet *rota,* Rad. Da die Sonne am häufigsten als »leuchtend« bezeichnet wird, können wir hier auch eine Korrespondenz zu dem leuchtenden Gott der nordischen Mythologie erkennen – Balder, Schutzpatron der Unschuld und des Lichts. Die Kamille wurde als »Balders Stirn« bezeichnet, weil diese Blume so makellos rein ist. Balder steht auch in enger Beziehung zum Mistelzweig, und Loki gab dem blinden Höd einen solchen in die Hand, um Balder zu töten.

Die Rune wird ausgesprochen wie im heutigen Deutsch.

TEIWAZ: Dies ist die Rune des Tyr, des Kriegsgotts, der zum Sieg verhilft und vor Schaden bewahrt. Schon in der Frühzeit der Runenkunst wurde diese Rune häufig für Amulette verwendet.

Als einziges Runengedicht ordnet das ASRG diese Rune nicht dem Kriegsgott zu. Doch obwohl es aus Tyr lieber einen Stern macht, möglicherweise auch ein Sternbild des Polarkreises, passen die Ausführungen der beschreibenden Glosse gut zu dem Kriegsgott: »Große Treue entbietet sie dem Prinzen; stets hält sie Kurs über den Nebeln der Nacht und versagt nimmer.« Damit wird der Optimismus bestätigt, der dieser Rune eignet.

Sowohl das NRG als auch das IRG, in deren Anmerkungen Tyr dem Mars gleichgesetzt wird, bezeichnen Tyr als einhändigen Gott. Als der Fenriswolf in Fesseln gelegt wurde, aus denen er nicht mehr entkommen konnte, legte Tyr seine Hand als falsches Pfand ins Maul des Wesens. Der Wolf merkte, daß er in die Falle gegangen war, und biß Tyr die rechte Hand ab. Trotz des heuchlerischen Versprechens soll diese Geschichte Tyrs edlen Geist illustrieren. Frey gab sein Schwert aus Liebe zu Gerd hin; Odin opferte sein Auge um seiner Liebe zur Weisheit willen; Tyr aber opferte seine Hand aus Liebe zu seinen Bundesgenossen. (Aus diesem Grund wird das Handgelenk auch als »Wolfsgelenk« bezeichnet.)

Der Eisenhut ist im Norden auch als »Tyrs Helm« bekannt, was auch angesichts der Tatsache interessant ist, daß er im Englischen volkstümlich als *wolfsbane* (deutsch: »Wolfstod; Wolfsgift«) bezeichnet wird. Eisenhut wurde auch als Schütze bezeichnet, weil man sein Gift auf Speerspitzen anbrachte, und er war ein Hauptbestandteil der

Einäscherungstext von Sawston in Yorkshire

91

Hexensalben. Da die Form dieser Rune eine perfekte Wiedergabe des Pfeils ist, ist diese Assoziation sowohl bemerkenswert als auch treffend.

Die Rune wurde auch als *geir's-odd* oder Speerrune bezeichnet. Sie war das Zeichen, das sich der alternde Krieger selbst ins Fleisch ritzen sollte, um nach Walhall zu gelangen, anstatt einen »Strohtod«, nämlich an Altersschwäche im Bett, zu sterben.

Teiwaz ist das häufigste auf englischen Einäscherungsurnen zu findende Runensymbol. Auf dem Exemplar von Sawston in Yorkshire erscheint die Rune in Verbindung mit dem anderen archetypischen Germanensymbol, der Swastika oder dem Hakenkreuz.

Die Rune wird wie im heutigen Deutsch ausgesprochen.

ᛒ BERKANA: Die Birke galt als heilig und stand in Beziehung zu den Fruchtbarkeitsriten des Frühjahrs.

Idun war die Göttin des Frühlings, deren Jugendlichkeit, Vitalität und Schönheit die Erneuerung der Vegetation in dieser Jahreszeit symbolisieren sollten. Zudem war sie die Hüterin der Äpfel, die den Göttern ewige, frühlingsgleiche Jugend bescherten.

Das ASRG verwirrt uns, indem es einen Baum bescheibt, der eher einer Pappel als einer Birke gleicht. NRG und IRG sind sich darin einig, daß die Birke das grünste Laub trägt, und das NRG bemerkt rätselhaft, daß Loki bei seinem Betrug glückhaft war, was eigentlich viel besser zur Mistel passen würde.

Diese Rune wird nur selten als Knacklaut wie in »Birke« ausgesprochen. Elliot vergleicht den Laut mit dem Ausblasen einer Kerze ohne Rundung der Lippen.

ᛗ EHWAZ: Dies ist die Pferderune. Pferde galten schon in frühester Zeit als heilig, und Tacitus berichtet von makellosen Schimmeln, die auf Kosten der Allgemeinheit gehalten und zu keinerlei Arbeiten herangezogen wurden. Man schirrte sie an einen Streitwagen und ließ sich Weissagungen durch ihr Schnauben und Wiehern bestätigen, wobei entweder der König oder ein Staatspriester die Ausdeutung übernahm. Er fügt hinzu, daß man von Pferden glaubte, sie hätten Zutritt zur Ratsversammlung der Götter. Odins eigenes achtbeiniges Reittier Sleipnir soll entweder makellos weiß oder graugescheckt gewesen sein.

Das ASRG bestätigt die Bedeutung »Pferd« für die Rune und beschreibt sie als Freude der Prinzen in Gegenwart der Krieger, als stolzhufigen Hengst, wenn reiche Männer Worte darum wechseln, und als nie versiegende Quelle des Trostes für die Rastlosen. Das Pferd galt auch häufig dem Frey als heilig, und die Widmung dieses Tiers an diese Gottheit ist das zentrale Thema der *Hrafnkel Saga.*

Die heidnischen Schweden wurden von ihren bekehrten Landsleuten als »Pferdeesser bezeichnet«, ein Begriff, der sich durch das ganze 11. und 12. Jahrhundert zieht. Wenn es sich dabei auch nur um eine zeremonielle Diät handelte, so war es doch die Form der Ernährung, die man auch den Riesen und Hexen zuschrieb und die man mit dem Kult des Odin verband. Die Hexen, das Äquivalent der altheidnischen *wölwas* oder Sibyllen, die zwecks Eingliederung in die christliche Hierarchie entsprechend abgewertet wurden, waren gute Gesellschaft für die Riesen, die ja selbst eine verzerrte Reminiszenz an die alten heidnischen Heroen darstellen. Das Pferd war das Lieblingstier des folkloristischen Sagenheros, und so darf man den Kräften dieser Rune auch die Gewißheit hinzufügen, die die Abenteuer des unverwundbaren Helden auf seinen heiligem Sonnenpferd begleitet.

Die Rune wird ausgesprochen wie im heutigen Deutsch.

ᛗ MANNAZ: Diese Rune steht für den Menschen sowohl als Individuum als auch als Gattung, und man schrieb ihr die Macht der Verteidigung sowie schützende Kräfte zu.

Das ASRG bemerkt in echtem Pessimismus, daß jeder Mensch dazu verdammt sei, seine Mitmenschen im Stich zu lassen, da der Herr durch seinen Befehl das üble Aas der Erde überantworten wird. Das NRP fügt rätselhaft wie immer hinzu, daß die Klauenspanne des Falken mächtig sei. Das IRG bleibt beharrlich optimistisch, indem es den Menschen als Mehrung der Erde und als Zier der Schiffe beschreibt und in seiner Glosse das lateinische *homo*, Mensch, anführt. Manche Autoren vermerken, daß Tacitus einen erdgeborenen Gott Tuisto erwähnt, der einen Sohn namens Mannus zeugte, wodurch eine spekulative Verbindung zwischen der Gottheit und dieser Rune hergestellt wird.

Die Rune wird wie im heutigen Deutsch ausgesprochen.

ᛚ LAGUZ: Diese Rune steht für das Wasser, möglicherweise als Quelle der Fruchtbarkeit. Ein Autor sieht in dem Namen eine späte Übersetzung und zieht die frühere Bedeutung »Lauch« oder »Kraut« vor, wobei er auf eine Verbindung zwischen der Gestalt des Lauchs und phallischen heidnischen Praktiken hinweist. Obwohl dies gut zu dem Fruchtbarkeitsaspekt der Rune paßt, ist die Deutung »Wasser« weitverbreitet. Die Rune wird auch mit dem Wanengott Njörd in Verbindung gebracht, den man als reichen Meeresgott betrachtete. Der Meeresschwamm wurde als »Njörds Handschuh« bezeichnet, und Möwen und Robben waren ihm heilig.

Das ASRG gibt als Bedeutung »Meer« an und ergänzt dies in den Glossen mit einer Anmerkung über die Schrecken der Tiefe. Im NRG finden wir »Wasserfall«, aber in der Anmerkung wird der Reichtum des Njörd mit der Bemerkung kommentiert, daß »Zierrat aus Gold ist«. Das IRG gibt in der Glosse das lateinische *lacus*, See, wieder und bestätigt das Wasser als wirbelnden Strom und als Land der Fische und des breiten Geysirs.

Die Rune wird wie im heutigen Deutsch ausgesprochen.

◇ INGUZ: Diese Rune steht in Verbindung zu dem Gott Frey, der auch als der Held Ing bekannt ist. Sie symbolisiert Fruchtbarkeit, und da Frey ithyphallisch dargestellt wurde, dürfte sie durchaus für das männliche Zeugungsorgan stehen und ein direktes Äquivalent zur weiblichen *Pertho* sein.

Das ASRG beschreibt Ing als verstorbenen Helden der Dänen. Fruchtbarkeit gedeiht am besten in Friedenszeiten, und der Kult des Frey, Gott des Friedens und des Wohlstands, leitet sich von dem der früheren Göttin Nerthus ab. Beim Julfest, das dem Frey gewidmet war, wurde der Kopf seines heiligen Tiers, des Ebers, mit einer Krone aus Lorbeer und Rosmarin auf den Tisch gebracht.

Diese Rune wird wie im heutigen Deutsch ausgesprochen.

◊ OTHILA: Diese Rune bezeichnet das Erbe im erweiterten Sinne, also alles von Wert, das weitergegeben oder vererbt werden kann, darunter auch das Wissen. Sie kann sich aber auch auf das Heim der Ahnen und, ebenfalls im erweiterten Sinne, auf das Heimatland beziehen.

Dies ist eine der Runen, die man im IRG und im NRG vergeblich sucht, so daß wir uns nur auf die Schilderung des ASRG stützen und diese erweitern können. Das ASRG glossiert die Bedeutung der Rune mit »Gut, Anwesen«, das jedem Manne sehr teuer sei, sofern er dort in beständigem Wohlstand genießen kann, was recht ist und den Sinnen entspricht. Leider haben wir es hier mit den materialistischen Tendenzen des mittelalterlichen Christentums zu tun, die die weitere Bedeutung der Rune modifizieren.

Die Rune wird wie im heutigen Deutsch ausgesprochen.

ᛞ DAGAZ: Diese Rune steht für den »Tag«, für die Sicherheit des Tageslichts im Gegensatz zur Unbequemlichkeit oder gar zum Schrecken der Nacht. Der Tag ist die Zeit, da man sehen und den Gegnern die Stirn bieten kann, die Zeit, da die Arbeit gut vonstatten geht.

Wieder haben wir nur die Glosse des ASRG zur Verfügung, um die Deutung zu ergänzen, doch ist das Gedicht ausnahmsweise einmal optimistisch, wiewohl christlich geprägt, indem es davon spricht, daß das prachtvolle Licht des Schöpfers, das vom Herrn geschickt wurde, von den Menschen geliebt wird, allen dient und eine Quelle der Hoffnung und des Glücks für Arm und Reich darstellt.

Obwohl sie mit dem Buchstaben D anfängt, wird die Rune meist mit einem Anfangslaut wie das englische *th* ausgesprochen.

Der Gebrauch der Runen

Einzelrunen

Einzelrunen stehen sowohl für die Bedeutung ihres jeweiligen Namens als auch für die damit in Verbindung gebrachten Kräfte. Eines der besten Beispiele ist *Teiwaz*, die gleichzeitig den Namen und die Macht des Gottes Tyr verkörpert. Diese Rune wurde häufig geritzt, um seinen Beistand zum Sieg in der Schlacht zu erlangen, und sie findet sich auf einer Vielzahl von Waffen. Ein Beispiel ist der Schwertknauf aus Faversham in Kent, der auf das späte 6. oder frühe 7. Jahrhundert datiert wird. Auf beide Seiten wurde die Rune *Teiwaz* zwischen zwei senkrechten Linien eingraviert und mit Niello geschwärzt. Eine Anleitung zum Gebrauch dieser Runen findet sich im *Sigrdrifomál*:

> Triumphrunen, wenn du wünschst,
> ätzest du in Schwertes Knauf,
> manche auf Scheide, manche auf Klinge,
> und rufest dabei zweimal Tyr.

Es fällt nicht schwer, weitere Beispiele für einen derartigen Gebrauch anderer Runen zu finden, die als Stellvertreter ihres Namensworts oder der damit verbundenen Mächte verwendet werden. Der Brakteat von Skodberg verwendet *Jera*, um »gute Ernte« zu kennzeichnen. Auf dem Schaber von Floksand erscheint *Fehu* und zeigt Ruhestand an, und ähnlich wird diese Rune auf dem Brakteat von Femo verwendet. *Raido* steht in Inschriften oft als Abkürzung für

»Rune«, so auf den Brakteaten von Wapno und Sievern, die beide um 450 datiert werden. Der Schildbossen von Thorsberg, der ungefähr aus der gleichen Zeit stammt, verwendet *Hagalaz*, um Hagel zu kennzeichnen.

Eine in Ingolstadt gefundene schwedische Inschrift aus dem 10. Jahrhundert stellt die alte *Dagaz*-Rune als Bezeichnung ihrer selbst an eine faszinierende Stelle: genau in die Mitte des Jüngeren Futhark. Mindestens ein Autor hat daraus den Schluß gezogen, daß der ideographische Gebrauch der Runen schon bekannt gewesen sein muß, bevor das Futhark von 24 auf 16 Buchstaben schrumpfte. Das wäre ein guter Hinweis darauf, daß individuelle Runen auch über individuelle Kräfte verfügen, und es würde indirekt die magische Kraft scheinbar unentzifferbarer Runenreihen im Gemeingermanischen Futhark erklären.

Runenreihen

Der auf den ersten Blick am rätselhaftesten erscheinende Gebrauch der Runen findet sich in mysteriösen Reihungen von Buchstaben, die sich ohne Wissen um die Runennumerologie, die wir später noch erkunden werden, weder philologisch noch anderswie ausdeuten lassen. Beispiele dafür finden wir auf so unterschiedlichen Gegenständen wie dem Amulett von Lindholn, dem Stein von Gummarp mit seinen drei *Fehu*-Runen, die großen Reichtum anzeigen, sowie auf dem Stein von Ellstad mit seiner rätselhaften Mehrfachverwendung von *Isa* und *Kaunaz*. Der Stein von Rök in Ostergotland weist die längste Runeninschrift Skandinaviens auf, er enthält ungefähr 752 Zeichen, darunter auch kryptische Runen und numerologische Sequenzen. Die Interpretation wird nicht gerade dadurch erleichtert, daß sich auf seinen beiden Seiten gleich mehrere Futharks befinden.

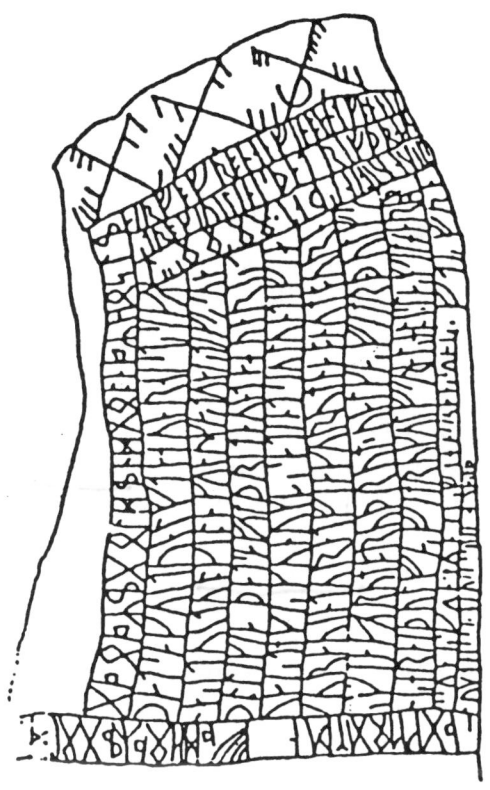

Der Stein von Rök

Der Stein von Gorlev, der etwa aus dem Jahr 890
stammt, zeigt ein Futhark, eine rätselhafte Runenreihe und
eine verständliche Inschrift. Einar Haugen übersetzt sie:
»Thjodvi errichtete diesen Stein für Odinkar – Jüngerer
Futhark – erfreue dich gut deines Gedenksteins. *th m k iii
sss ttt iii lll*. Ich setze die Runen richtig. Gunni, Ar-
mundr…« Haugen überträgt die kursive Sequenz mit »thi-
still mistill kistill« und vermutet, daß sie magische Bedeutung haben müsse.

Der Gebrauch des gesamten Futhark

Das *scramaseax* von der Themse ist ein Kurzschwert, das ein vollständiges Futhark sowie eine weitere Inschrift trägt, bei der es sich wahrscheinlich um den Namen seines Besitzers handelt. Wir kennen ja die genaue Reihenfolge der Runen überhaupt nur aus den Inschriften vollständiger Futharks auf unterschiedlichsten Gegenständen. Es gibt keine einfache, auf der Hand liegende Erklärung, weshalb das gesamte Futhark zur Ritzung oder Gravur verwendet werden sollte, denn wir finden es an den unterschiedlichsten Stellen. Das *scramaseax* von der Themse ist unzweifelhaft eine Waffe, doch gibt es auch Futharkfunde auf Schmuck und anderen Kunstgegenständen, beispielsweise auf den Brakteaten von Grumpan und Vadstena aus dem 6. Jahrhundert, auf dem Stein von Kylver, der Marmorsäule von Breza, der Brosche von Charnay und den Brakteaten von Lindkaer und Overhornbaek.

Im Falle des Steins von Kylver war nie vorgesehen, daß ein Lebender das Futhark jemals zu Gesicht bekommen sollte, denn er bildet die Seitenwand eines Grabs in Gotland aus dem 4. Jahrhundert. Offenbar sollten nur die Toten aus seiner Macht Nutzen ziehen, und vielleicht war die Inschrift auch dazu gedacht, die Verstorbenen wissen zu lassen, daß jede Rückkehr aus der Unterwelt von den lebenden Runenmeistern mit schlimmsten Konsequenzen geahndet wurde.

Als Alternative bietet sich auch die Deutung an, daß die Inschrift angebracht wurde, um den Verstorbenen zu helfen. Das liegt besonders angesichts der Praktik nahe, daß man dem Verstorbenen Runen unter die Zunge legte, um ihm auf der Thingstätte in der Unterwelt im Angesicht des Odin das Antwortgebet zu erleichtern. Eine in Eggjum gefundene Grabplatte weist auf der Unterseite eine Inschrift des Inhalts auf, daß die Runen nicht mit einem Eisenmesser geschnitten und daß weder Stein noch Runen jemals dem

Sonnenlicht ausgesetzt worden seien. So galten Stein und Inschrift, die bis zu ihrer Jahrhunderte später erfolgten Entdeckung in der Dunkelheit verharrt hatten, dem Dienst an den Toten. Die Tatsache, daß die beschriftete Seite auf den Leichnam zeigte, stützt das Argument, daß sie ihn irgendwie beeinflussen sollte.

Das föhrenähnliche Symbol, das auf dem Stein von Kylver dem Futhark folgt, besteht aus einem senkrechten Stab mit sechs Zweigen auf der linken und acht auf der rechten Seite. Über seine Ausdeutung sind sich die Autoren nicht einig. Einige sehen darin eine magisch verstärkte *Teiwaz*-Rune, was jedoch unwahrscheinlich ist, es sei denn, die beiden Striche auf der linken Seite sind verlorengegangen. Andere deuten das Zeichnen als gänzlich unrunig. Die dritte Alternative lautet, daß es sich um eine Art chiffrierte Rune handeln muß.

Wie die Steine von Eggjum und Kylver, diente auch der aus dem 6. Jahrhundert stammende Stein von Noleby der Aufstellung in einem Grab, was die Auffassung stützt, daß die Runen, sollten sie den Lebenden dienen, dies taten, indem sie die Toten beeinflußten. Diese Beispiele zeigen, daß die magische Praktik, Runen als Grabbeigabe zu schneiden, damals allgemein verbreitet war. Zwischen den Inschriften von Noleby, Kylver und Eggjum liegen 500 Jahre, und wenn es sich dabei auch um herausragende Exemplare

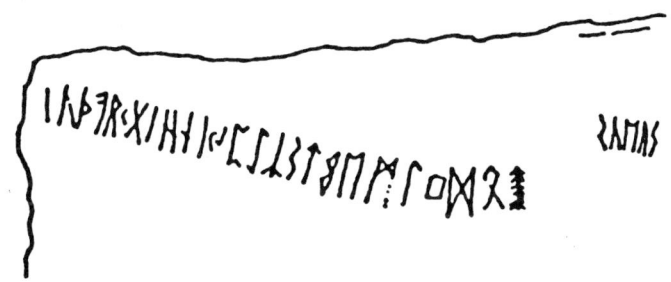

Futhark auf dem Stein von Kylver

handelt, sind sie doch keineswegs einzigartig. Musset bemerkt, daß diese Praktik auch unter den Etruskern und
den griechischen Römern bekannt war.

Palindrome

Eines der Rätsel des Steins von Kylver liegt in der Plazie-
rung des Palindroms *sueus* nach dem Futhark. Vielleicht
haben wir es hier mit einer Absicht zu tun, die der mittel-
europäischen Sitte vergleichbar ist, Bohnen um die Gräber
mutmaßlicher Wiedergänger zu streuen, was diese dazu
verleiten sollte, die Bohnen zu zählen und somit nicht
mehr umherzuwandern und die Lebenden heimzusuchen.
Der Wiedergänger würde das Ende des Palindroms suchen, von diesem aber wieder zum Anfang der Inschrift
zurückgeführt werden und immer so weiter, so daß er im
unterweltlichen Hel festsaß. Leland glaubt, daß die inein-
andergreifenden Ornamente der Wikingerkunst auf die
gleiche Weise Glück bringen und Unglück abwenden sollten, indem sie Hexen und andere Übeltäter dazu verleite-
ten, die Muster bis zu ihrem Ende zu verfolgen, wodurch
sie von ihren bösen Absichten abgelenkt werden sollten.
Es gibt aber auch noch andere Deutungen. Zwar scheinen
Palindrome im Zusammenhang mit den Toten gestanden zu
haben, doch kennen wir nur eine begrenzte Anzahl von Bei-
spielen, die wir studieren können. Die Zuweisung von allem, was nicht richtig verstanden wird, in die Kategorie »religiöse und magische Bräuche« (und vergessen wir nicht,
daß auch der Totenkult dazu gehört) ist schließlich eine
recht beliebte Fluchtlinie des verunsicherten Gelehrten.
Als Vokabel ergibt *sueus* keinen offensichtlichen Sinn.
Doch wie wir gesehen haben, werden Runen nicht nur verwendet, um Wörter zu konstruieren. Betrachten wir *sueus*
nämlich nicht als Wort, sondern als aus fünf Einzelrunen
bestehende Reihe, läßt sich eine Kreisformel ableiten, die
weder völlig sinnlos noch leichtfertig zu verwerfen ist:

SOWULO	URUZ	EHWAZ	URUZ	SOWULO
Sonne	Stärke	bestätigt	Stärke	Sonne

Die einzige nichttraditionelle Interpretation, die wir hier verwendet haben, ist die für *Ehwaz*, die gewöhnlich mit »Pferd« wiedergegeben wird. Doch selbst aus ihrer ursprünglichen Bedeutung würden wir noch einen Sinn ermitteln, da das Pferd anerkanntermaßen ein solares Tier ist. Tacitus stellt in *Germania* fest, daß die heiligen Schimmel verwendet wurden, um eine Schicksalsbefragung durch Loswerfen (Runen) zu bestätigen, weshalb es auch nicht sonderlich an den Haaren herbeigezogen ist, wenn man *Ehwaz* die Bedeutung »Bestätigung« zuweist. So wird das Palindrom zu »Die Stärke der Sonne bestätigt die Stärke der Sonne«. Das unterscheidet sich nicht allzusehr von dem alten Sprichwort, daß man »einen Menschen nach seinen Taten beurteilen« soll. Doch bevor wir diesen Vorschlag als isoliertes Kauderwelsch verwerfen, sollten wir uns noch ein weiteres Beispiel anschauen.

Ein Holzstab aus einem Grabhügel in Froslov (Südjütland) weist sechs zwischen Punkte gesetzte Buchstaben auf, von denen der erste möglicherweise unrunisch ist. Die verbliebenen fünf bilden das Palindrom *ziliz*, was wiederum keinen Wortsinn ergibt. Als Palindrom gelesen, erhalten wir dagegen:

ALGIZ	ISA	LAGUZ	ISA	ALGIZ
Schutz	Eis	Wasser	Eis	Schutz

Das bedeutet: »Eis schützt Wasser, und Wasser schützt Eis.« Auch dies könnte man als Unsinn abtun, doch mit etwas mehr Beharrlichkeit läßt sich dieses Rätsel durchaus lösen.

Sowohl das *sueus-* als auch das *ziliz*-Palindrom verbergen ein Wissen um Naturkräfte, und keines von beiden ist an sich völlig unlogisch. So verbindet das Palindrom die Vorzüge eines Sprichworts mit einer ungewöhnlichen und eindrucksvollen mnemotischen Formel, wodurch es sowohl den Lebenden als auch den Toten dienlich ist. Wenn wir einmal kurz innehalten, um einen späteren Beleg zu betrachten, nämlich das SATOR-Quadrat, stellen wir fest, daß sich die Mittellinie und die Mittelachse der fünfundzwanzig Buchstaben *tenet* liest. In Runenform erhalten wir damit wieder:

TEIWAZ	EHWAZ	NAUTHIZ	EHWAZ	TEIWAZ
Sieg	bestätigt	Not	bestätigt	Sieg

Die Aussage dieser Palindromsequenz, daß der Sieg aus der Not entsteht und daß die Not des Sieges bedarf, ist alles andere als unsinnig.

Das SATOR-Quadrat findet sich auf angelsächsischen Zaubergegenständen, und trotz seines späten Datums fand es auch Eingang in die Runenüberlieferung, so beispielsweise unter den Runenfunden von Bryggen, die aus dem 13. Jahrhundert stammen. Die vollständige SATOR-Formel verwendet die Buchstaben von PATER NOSTER, was uns an das runische Paternoster im *Gespräch zwischen Salomon und Saturnus* erinnert. Diese Assoziation wirkt schließlich angesichts der drei spätschwedischen Bezeichnungen für das SATOR-Quadrat:

Fans fyrkant   – das Quadrat des Teufels
Djavulens Latin – das Latein des Teufels
Hin hales Latin – das Latein des Leibhaftigen

S	A	T	O	R
A	R	E	P	O
T	E	N	E	T
O	P	E	R	A
R	O	T	A	S

Das SATOR-Quadrat

Das Paternoster selbst ist übrigens höchstwahrscheinlich der christliche Ersatz für ein ursprünglich heidnisches Gebet oder eine Beschwörung.

Kehren wir noch einmal kurz zum *sueus*-Palindrom zurück, so könnte die oben vorgeschlagene Interpretation darauf hindeuten, daß es dazu diente, im Innern des Grabes für magischen Sonnenschein zu sorgen, für einen künstlichen und dementsprechend ewigen Tag, der den Verstorbenen daran hindern würde, aufzustehen und nachts umherzuwandeln. Denn wenn *sueus* schien, gab es für ihn einfach keine Nacht.

Runenwörter finden sich in erster Linie auf mobilen Gegenständen wie Waffen oder Schmuck. Manche lassen sich übersetzen, doch gilt das keineswegs für alle. Neben einem vollständigen Futhark trägt der Brakteat von Vadstena die Inschrift *luwatuwa*. Die wiederkehrende Gruppe *uwa* deutet auf eine mögliche Reihenformel hin, für die sich zwei Deutungen anbieten: »Die Stärke des Wassers ist eine Freude des Gotts/der Götter« und: »Die Stärke des Siegs ist eine Freude des Gotts/der Götter«, was sich beispielsweise auf Njörd beziehen ließe.

Der Name des Besitzers auf dem *scramaseax* von der Themse schuf eine Verbindung zwischen dem Gebrauchspotential des Schwertes und der Macht seines Eigners. Das galt wohl auch für das Schwert des *Beowulf*, an dem eine Goldplatte mit dem Namen des Besitzers in Runenschrift angebracht war. Einem Werkzeug oder einer Waffe eine Runeninschrift hinzuzufügen, mußte die Nützlichkeit des Gegenstands deutlich steigern.

Seit der Römerzeit werden Waffen im ganzen Norden mit glückbringenden Symbolen gezeichnet: Swastika, Eber (sowohl dem Frey als auch den Wanen heilig), Auge, Kreuz und schließlich auch Runen. Die Speerspitze von Dahmsdorf weist eine Swastika und einen Dreischenkel auf, sowie das Runenwort *ranja*, »Renner«. Die Speerspitze von Ovre Stabu trägt das Runenwort *raunijaz*, »Prüfer« oder »Stecher«. Diese Inschriften verstärken die Wirksamkeit der Waffen gewaltig, verleihen sie ihren Eignern doch einen wichtigen psychologischen Vorteil. Wörter wie *latha* (Einladung), *alu* (Magie, Raub oder Schutz) und *auja* (Glück) erscheinen auf den verschiedensten Gegenständen. Ein kleines westfriesisches Holzschwert aus dem 6. Jahrhundert, das als symbolischer Begleitschutz diente, trägt die Inschrift *edaboda*, was die Bedeutung »Retourbote« hat.

Der Brakteat von Darum in Jütland (ca. 450) trägt die umgekehrte Inschrift *lathu*. *Lathu* bedeutet Vorladung, und es ist denkbar, daß die Umkehrung eine Bannungsformel darstellt. Andererseits muß man auch die Möglichkeit einräumen, daß der Runenmeister einfach nur von rechts nach links geschrieben hat.

Manchmal wurden Runenwörter an Stellen eingeritzt, wo sie normalerweise nicht zu sehen waren und wo ihr Zauber im geheimen wirksam werden konnte, nur dem Besitzer des Gegenstandes bekannt, ja möglicherweise sogar demselben Vergessensprinzip folgend wie manche zeitgenössische Techniken der Sigillenmagie. Das Schwertortband von Chessel Down trägt die verborgene Inschrift *aco sori*, »mehre Schmerz«, was offensichtlich die Aufgabe der Waffe war.

Vollständige Runeninschriften

Auf beweglichen Gegenständen gibt es nicht allzuviele vollständige Inschriften, weil sie nur über wenig Platz dafür verfügten, aber wir kennen immerhin einige Exemplare. Ein gutes Beispiel bietet der Schleifstein von Strom, der die Inschrift *wate hali hino horna haha skathi hathu ligi* trägt: »Befeuchte diesen Stein, Horn. Sichel, sichle. Heu (oder Getreide) liege.« Das sollte offensichtlich die Effek-

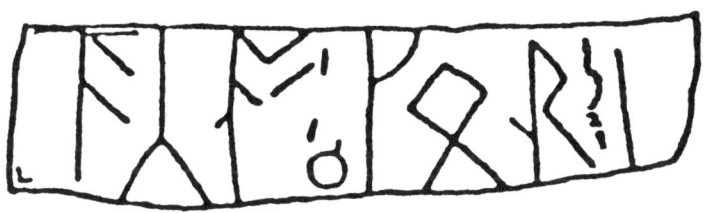

Das Ortband von Chessel Down

tivität des Schleifsteins auf die gleiche Weise erhöhen, wie ein aggressives Runenwort die Wirksamkeit einer Waffe steigerte.

»Trage stets diese Eibe im Schlachtgetümmel«, rät das Amulett von Britsum, ein erkennbar magisches Objekt. Es muß an dieser Stelle darauf hingewiesen werden, daß vollständige Inschriften nur selten etwas Magisches an sich haben, weisen sie doch auf den profanen Gebrauch der Runen hin wie auch auf ihre etwas esoterischeren Anwendungsmöglichkeiten. Gelegentlich werden die beiden Anwendungen auch gekoppelt, so etwa auf der Kupferschachtel von Sigtuna aus dem 11. Jahrhundert. Diese trägt einen Schutz für die Edelmetallwaage des Händlers, und die Inschrift endet mit zwei Zeilen in *drokkvaet*, dem als das edelste Skaldenmaß geltenden Metrum, die einen Fluch enthalten, der Diebe abhalten soll.

Das menschliche Schädelfragment von Ribe, das durchbohrt wurde, um als Amulett getragen zu werden, diente offensichtlich magischen Zwecken und stammt etwa aus dem Jahr 800, obwohl es auch frühere Buchstabenformen aufweist und damit die These stützt, daß das Gemeingermanische Futhark zu kultischen Zwecken überlebte. Die Ausdeutung der Inschrift ist schwierig, doch hat man darin einen Zauber identifiziert, der Odin (als Seelenführer?) und andere beschwört, wodurch es Schutz gegen Erkrankung bietet.

Vollständige Inschriften finden sich häufig auf stehenden Steinen, von denen viele die Funktion von Gedenksteinen wahrnehmen. Manchmal tragen diese einen Fluch, um Frevler davon abzuhalten, den Stein zu zerstören oder ihn gar fortzutragen, um ihn anderswo aufzustellen. Der Stein von Björketorp trägt einen höchst unzweideutigen Fluch wider solche Praktiken und verspricht jedem, der ihn zerstört, einen schrecklichen Tod. Ist es nur Zufall, daß er noch heute an derselben Stelle steht?

Auch die Götterweihe von Gegenständen durch Inschriften sollte beachtet werden. Die Schwertscheide von Thorsberg weist die Inschrift *Owlthuthewaz ni waje ma* auf, »Diener des Ullr von makellosem Ruf«. Diese Widmung ist insofern ungewöhnlich, als im allgemeinen eher der Bogen dem Ull zugeordnet wird.

Runische Zahlenkunde

Viele Autoren haben den Versuch unternommen, den Runen eine numerologische Bedeutung zuzuweisen. Die meisten sind damit gescheitert, weil sie entweder das Runenalphabet auf die gleiche Weise behandelten, wie sie es mit dem lateinischen, griechischen oder hebräischen Alphabet getan hätten, indem sie nämlich jeder Rune einen bestimmten Zahlenwert zuordneten; oder weil sie sich nicht die Mühe gemacht haben, auf das Quellenmaterial zurückzugreifen, aus dem sich eine gültige Runennumerologie ableiten läßt.

Der Schlüssel zur runischen Zahlenkunde liegt in der Art und Weise, wie Kombinationen und Reihen von Runen angeordnet sind. Wenn es auch keinen Grund für die Annahme gibt, daß einzelne Runen als Zahlendarstellungen verwendet wurden, gibt es doch allen Grund für die Vermutung, daß Gruppierungen derselben Rune sich von ihrer Bedeutung her entsprechend der Anzahl der Runen in der jeweiligen Gruppe unterscheiden.

Die frühesten germanischen Runenmeister glaubten, daß jeder Rune ein Geist oder eine Macht eigne. Eine der Möglichkeiten, diese Macht freizusetzen, bestand darin, die innewohnende Eigenschaft durch Wiederholung zu konzentrieren. Jedenfalls bieten die Eddas Belege dafür, daß eine unterschiedliche Anzahl von Runen auch verschiedene Bedeutungen haben kann, wie wir gleich sehen werden.

Eins Die Monade der Alten läßt sich vor dem Hintergrund des durch die Eddas gelieferten Belegmaterials wohl am schwierigsten als Zahl isolieren. Alle Gegenstände, die nicht in der Mehrzahl vorkommen, sind Einzelgegenstände, beispielsweise ein Baum, eine Waffe oder ein Brotlaib. In den erhaltenen Inschriften und Texten stehen Einzelrunen häufig für ihre Namenswörter und Kräfte, wenn sie nicht von einer Sequenz Troll-Runen (die wir später noch untersuchen werden) modifiziert werden. In einer Reihe aus Einzelrunen, beispielsweise einem *aett* oder Futhark, haben alle eingesetzten Runen die gleiche Macht oder den gleichen Wert.

Zwei Thors Streitwagen wird von zwei Ziegenböcken gezogen. Als er sich nach Jötunheim begibt, um sich dort mit Utgard-Loki zu treffen, begleiten ihn zwei Kinder als Diener. Hymir, der mit Thor fischen geht, fängt mit einem Wurf zwei Wale. Im *Hávamál* hängt Odin seine Kleider auf zwei Holzpfähle oder Strohpuppen. Im *Vafthrúdnismál* entkommen zwei Menschen den Ragnarök. Im *Grimnismál* ziehen zwei Pferde die Sonne über das Firmament. In der *Lokasenna* haben sowohl Frey als auch Ægir zwei Diener. Zwei Pferde ziehen den Mond. Odin hat zwei Wölfe, und es warten ihm zwei Diener auf. Die Söhne des Bor erschaffen die ersten Menschen aus zwei Holzscheiten, wovon der eine aus Eschen-, der andere aus Ulmenholz besteht. In Urds Brunnen gibt es zwei Schwäne. In *Fjolsvinnsmál* halten zwei scharfe Hunde Wache. Die Ziege Heidrun spendet allen Helden in Walhall aus ihren beiden Zitzen Met. Freyjas Streitwagen wird von zwei Katzen gezogen.

Diese Beispiele zeigen, daß alles, was in den Eddas doppelt vorkommt, Dienst oder Dienstbarkeit andeutet. Tyr soll zweimal angerufen werden, wenn man ein Schwert mit Siegesrunen graviert, wodurch seine Macht beschworen und dem Willen des Runenmeisters dienstbar gemacht wird, auf daß sie jedem, der das Schwert führt, Sieg und Schutz gewähre.

Drei Dies ist eine der wichtigsten Zahlen der praktischen Runenkunst. Yggdrasil besitzt drei Wurzeln, die in drei Brunnen münden. Es gibt die drei Hauptnornen Urd, Verdandi und Skuld, die über jedes menschliche Schicksal gebieten. In der *Thrymskvida* werden mehr als drei Maß Bier getrunken, was darauf hinweist, daß diese Menge als exzessiv angesehen wird. Im *For Scirnis* schneidet Skirnir drei Runen in einen Ast, in den er zuvor auch eine Sequenz Troll-Runen geschnitten hat, und droht Gerd, sie damit einem dreiköpfigen Troll auszuliefern. Drei Troll-Runen werden gebraucht, um eine Troll-Runenreihe zu aktivieren. In der *Völuspá* wird Gullveig dreimal verbrannt und dreimal wiederhergestellt. Die drei Göttersöhne des Bor, nämlich Odin, Hönir und Lodur, beleben die Eschen- und Ulmenscheite, wodurch die ersten Menschen entstehen. Thor besitzt drei kostbare Dinge: seine Eisenhandschuhe, seinen Kraftgürtel und den Hammer Mjöllnir. Thor erwischte Loki bei seinem dritten Versuch, als Loki gerade die Gestalt eines Lachses angenommen hatte, und danach wurde dieser von den Göttern an drei Felsen gefesselt. Odin liegt Gunnlod drei Nächte lang bei, um an den Skaldenmet Odrörir heranzukommen. Sie gewährt ihm drei Züge davon. In der Prophezeiung von den Ragnarök sollen drei schreckliche Winter ohne dazwischenliegende Jahreszeiten den Endkampf ankündigen. Drei Tage braucht die Urkuh Audhumla, um Odins Vorfahren Buri aus dem Eis freizulecken. Snorri listet drei Arten von Zwergen und Nornen auf. Loki hat drei Kinder von Angrboda: den Wolf Fenrir, Hel und die Midgardschlange Jörmungand. Der Wolf Fenrir wird schließlich von der dritten Fessel Gleipnir gebunden. Immer, wenn Hel Niflheim verließ, soll sie ein dreibeiniges

Pferd geritten haben. Im *Hávamál* erhält Loddfafnir den Rat, keinem Unwürdigen drei Worte zu entbieten.

Die Zahl Drei kann noch einen weiteren Beitrag zur Runenkunst leisten, nämlich durch ihre Verbindung zu den Mondphasen, und außerdem ist die Drei die Zahl großer magischer Macht. Es ist die Wurzel von Neun, und es gibt neun Welten im Yggdrasil. Drei Könige belehrten oder täuschten Gylfi über die Götter. Der Regenbogen soll aus der Vermischung von drei Farben entstanden sein, was gut zu den drei Primärfarben Rot, Gelb und Blau paßt, aus denen sich alle anderen Farben ableiten. Dreiergruppen von Runen finden sich auf den Steinen von Gummarp und Ellestad sowie auf vielen anderen erhaltenen Artefakten und Gedenksteinen.

Vier Thor mußte durch vier Flüsse waten, um die Thingstätte der Unterwelt zu erreichen. Vier Hirsche nagen an den Ästen von Yggdrasil, und vier Schlangen werden in der *Älteren Edda* geschildert, wie sie sich nagend unter dem Baum verstecken. Vier Zwerge tragen den Himmel, der aus dem Schädel des Ymir besteht, und Snorri erwähnt vier Flüsse aus Milch, die aus den Zitzen der Audhumla strömen, um den ersten Reiffriesen zu nähren. Bei Balders Begräbnis bedurfte es vier Berserker, um den Reitwolf der Riesin Hyrokkin zu bändigen. Loki floh auf einen Berggipfel und baute sich dort ein Haus mit vier Türen, damit er in jede Himmelsrichtung blicken konnte. Im *Gylfaginning* benutzte Gefjun vier Ochsen, um die Götter zu betrügen. Der Held der *Gongu-Hrolf Saga* wird von durch Zauberei hervorgerufenem schlechten Wetter heimgesucht, von dem sich schließlich herausstellt, daß es von einer Gruppe von Zauberern ausgelöst wurde, die auf einer auf vier Pfählen ruhenden Plattform operierten. Der Zwerg Mondul ritzt Gegenzauber, worauf die Zauberer eines schrecklichen Todes sterben.

Daß Thor durch Wasser waten muß, bereitet ihm großes Unbehagen, da die anderen Götter nur über die Regenbogenbrücke Bifröst zu reiten brauchen. Das Nagen der Hirsche und Schlangen gereicht Yggdrasil nicht gerade zum Vorteil. Nicht einmal die vier Zwerge dürften allzu erfreut darüber sein, in alle Ewigkeit den Schädel eines Riesen stemmen zu müssen, und auch die Versuche der Berserker, den Wolf Hyrokkins zu bändigen, liefen nicht ohne Unbequemlichkeit ab. Daher legt die Zahl Vier in der schwächsten Form die Interpretation »Unannehmlichkeit«, im Extremfall sogar »großen Ärger«, »Qual« und »Unbehagen« nahe.

Fünf Die Fünf wird vom Autor des Harbardlieds (*Hárbardsljód*) in der Edda erwähnt, wo Odin/Harbard fünf Winter bei Fjölwar zubringt. Diese Zeit bot ihm einige Befriedigung und verlief gut. Utgard-Loki zieht große Befriedigung aus dem Versagen Thors und seiner Gefährten, die für sie erdachten fünf Prüfungen zu bestehen. Hymirs Kessel, der von Thor gestohlen wird, wird in fünf Meilen Tiefe versteckt. Im *Hávamál* heißt es, daß Freundschaft in falschen Freunden fünf Tage lang heißer als Feuer lodert. So bezeichnet die Fünf allgemein Befriedigung und Erfolg.

Sechs In der *Völuspá* werden sechs Walküren genannt. Als Dienerinnen Odins kämpfen sie gegen seine Feinde. Das *Grimnismál* benennt sechs Schlangen, die an Yggdrasil nagen. Die Fessel Gleipnir, mit der der Wolf Fenrir gefangengesetzt wird, besteht aus sechs magischen Stoffen. Im *Vafthrúdnismál* gebiert Ymir einen sechsköpfigen Riesen, dessen Sohn Bergelmir der Stammriese wird. Dem *Hávamál* zufolge stirbt am sechsten Tag die Freundschaft zwischen falschen Freunden.

Gleipnir ist dem Wolf Fenrir nicht willkommen, wird die Fessel ihn doch bis zu den Ragnarök festhalten. Falsche

Freunde heißt man ebensowenig willkommen. Daraus dürfen wir ableiten, daß die Zahl Sechs etwas darstellt, was entweder nicht willkommen ist oder sogar zu regelrechter Feindschaft führen kann.

Sieben Im *Harbardlied* schäkert Odin mit sieben Schwestern und unterhält zu allen von ihnen sexuelle Beziehungen. Wolund und seine Brüder leben sieben Jahre lang mit ihren Schwanenbräuten zusammen. Daher darf man in der Sieben eine Zahl sehen, die sich auf sexuelle Angelegenheiten bezieht.

Acht Thors Saal Bilskirnir hat 640 (80×8) Stockwerke. Walhall hat 640 Türen, und 960 (80×12) Krieger können zur gleichen Zeit aus jeder Tür hervortreten. Im *Grimnirlied* bewegt sich Odin acht Nächte lang nicht. Im *Thrymlied* liegt Mjöllnir acht Meilen tief verborgen, und Loki behauptet, daß Thor, als Freyja verkleidet, seit acht langen Nächten nichts mehr gegessen habe. Als er dann doch ißt, vertilgt er unter anderem acht Lachse. Acht Diener und acht Möbelstücke werden in Hels Palast bemerkt. Odins Grauer, Sleipnir, hat acht Beine. In *Lokis Zankreden* heißt es, daß Loki acht Winter lang unter der Erde lebt. (Man beachte den auch heute noch üblichen Gebrauch des Begriffs »Winter« als Maßeinheit!) Die drei Götter, die die ersten Menschen schufen, verliehen ihnen acht Fähigkeiten.

Zu einem *aett* im Gemeingermanischen Futhark gehören acht Runen, und so gilt die Acht denn auch als die Zahl eines vollständigen Satzes. Daher eignet ihr die Stärke, die einer solchen Vollständigkeit innewohnt. Acht ist eine Auslösezahl, genau wie die Drei, doch indem die Reihe verlängert wird, wird auch ein entsprechender Zuwachs an Wirksamkeit erreicht. Die erste Sequenz auf dem Amulett von Lindholm besteht aus acht A-Runen, die für Gott oder

Odin stehen und eine mächtige Anrufung dieser Gottheit bilden. Diese Deutung wird auch durch die Inschrift auf einer der anderen Flächen bekräftigt, die sich *Ek erilaz sa wilagaz hateka* liest: »Ich bin von den Erilaz. Ich werde der Gerissene genannt.« Der »Gerissene« ist einer der vielen Titel Odins.

Neun Njörd blieb nur neun Nächte in den von seiner Braut Skadi geliebten Bergen. Die Mütter Heimdalls sind neun Schwestern. Hermod ritt neun Nächte lang nach Hel hinunter, um mit Balder zu sprechen. In den Ragnarök tötet Thor Jörmungand, die Midgardschlange, überlebt aber nur so lange, bis er neun Schritte zurückgetaumelt ist.

Alles in allem scheint die Neun die Zahl des Wissens und der Vollendung zu sein. Acht und Neun sind in den Eddas an vielen Stellen miteinander verknüpft. Im *Hymirlied* zerbricht Thor acht Kessel und stiehlt den neunten. Draupnir läßt in jeder neunten Nacht acht neue Ringe fallen. Die Acht vollendet die Zeit des Wartens, und die Neun bringt die Früchte. Im *Grimnirlied* erwartet Odin die neunte

Stein von Alskog: Odin auf Sleipnir

Nacht, um seine wahre Identität preiszugeben, nachdem er in den acht vorhergehenden Nächten die Feuerfolter erlitten hat.

Thor tötet Thrym in der neunten Nacht, und Gerd läßt Freyr neun Nächte lang auf die Hochzeit warten. (Über den »Winter« als Maßeinheit haben wir schon gesprochen, jetzt sehen wir die »Nacht« im gleichen Kontext!) In *Der Seherin Gesicht* erklärt die Seherin, daß Yggdrasil neun Welten miteinander verbindet und über neun Wurzeln verfügt. Odin hängt neun lange Nächte von Yggdrasil herab, um die Runen zu entdecken. Er lernt neun Hauptsprüche und nennt neun Heilmittel gegen das Böse, das die Menschheit heimsucht. Vafthrudnir soll durch neun Welten und durch Hel gewandert sein. Neun Mädchen warten Menglad im *Svipdagsmál* auf. Dasselbe Gedicht beschreibt ein magisches Schwert, das durch neun Schlösser geschützt ist, und Groa unterweist ihren Sohn in neun Zaubern, die ihn auf seinen Reisen schützen sollen.

Die Neun erscheint in den Sagas zudem in einem magischen Kontext, der Ähnlichkeit mit dem schützenden magischen Kreis der jüdisch-christlichen Tradition aufweist. In der *Faereyinga Saga* bedient sich Thrand eines nekromantischen Verfahrens, weil er die Wahrheit über Sigmunds Tod erfahren will, indem er »im Saal große Feuer errichten und vier Hürden zu einem Quadrat aufbauen ließ. Dann markierte er neun Einschlüsse der Hürden in alle Richtungen und nahm auf einem Schemel zwischen dem Feuer und den Hürden Platz«, wo er sich in eine Trance begab.

In der kirchlichen *Mariu Saga*, die vor 1238 entstand, erhält ein Mann, der gern Seher werden will, den Rat, sich in einen einsamen Wald zu begeben und dort eine frisch abgezogene Ochsenhaut auszubreiten. Darauf soll er neun Quadrate malen, »teuflische Beschwörungen« rezitieren und darauf Platz nehmen, bis der Teufel kommt, um die Zukunft vorauszusagen. Selbst wenn man berücksichtigt, wie sehr der christliche Autor das wahre Wesen dieses Ritus verfälscht hat, enthält dieser Bericht doch noch etwas vom Geist der alten nordischen Zauberei.

In der *Gislisaga* bezahlt Bork den Zauberer Thorgrim Neb, der einen Fluchzauber für ihn verhängen soll. Zu den von Bork dafür bereitgestellten Zutaten gehört auch ein neunjähriger Ochse. Die *Gislisaga* spielt zum größten Teil in der Periode unmittelbar nach der offiziellen Christianisierung Islands am 4. Juni 1000, und dieser Übergang von einer Kultur zur anderen spiegelt sich in einem großen Teil ihres Inhalts deutlich wieder.

Unter Hinweis auf einen angelsächsischen Zauber veranschaulicht Gustav Storms den Volksglauben, daß sich neun Geister in eine schwärende Wunde eingenistet hatten und daß diese erst exorziert werden mußten, bevor die Wunde heilen konnte. Dazu bedurfte es einer Beschwörung, die durch ihre textliche Anordnung die Zahl der Geister in jeder Zeile reduzierte, bis keiner mehr übrigblieb. Diese Technik wurde im Mittelalter gern für die Herstellung magischer Amulette und Zauber verwendet, nachdem das geschriebene Wort die gesprochene Formel abgelöst hatte, wobei man sich für diesen Schwundzauber besonders gern der Formel A B R A C A D A B R A bediente:

A B R A C A D A B R A

A B R A C A D A B R

A B R A C A D A B

A B R A C A D A

A B R A C A D

A B R A C A

A B R A C

A B R A

A B R

A B

A

Allerdings darf man dabei nicht vergessen, daß dies erst möglich war, nachdem sich die Kunst des Lesens und Schreibens etabliert hatte, und daß ein derartiger Schriftzauber in der ursprünglichen nordischen Magiepraxis keinen Platz gehabt hätte.

Dem verfügbaren Belegmaterial nach zu schließen, scheint die Neun nicht in magischen Runenreihen verwendet worden zu sein. Normalerweise bot die Acht eine Reihe, die so vollständig, mächtig und wirkungsvoll war, daß sie jedem Runenmeister genügt haben dürfte.

Die Bedeutung runischer Zahlenreihen läßt sich also wie folgt zusammenfassen:

Eins steht für das Namenswort, die Bedeutung oder die Macht der Rune.

Zwei weist auf Dienstbarkeit oder Fesselung hin.

Drei ist eine Auslösezahl. Es bedarf einer Reihe aus drei Troll-Runen, um die Gestalt- oder Bedeutungswandlung der darauffolgenden Runen zu aktivieren. Drei ist zudem die Zahl der Runen, derer es für eine geringfügigere Anrufung bedarf.

Vier zeigt Verärgerung und Unbehagen an.

Fünf beschert allgemeine Zufriedenheit und Erfolg; aus diesem Grund ist eine Reihe aus fünf Runen auch zu Heilzwecken geeignet.

Sechs bedeutet Unbequemlichkeit oder etwas Unwillkommenes.

Sieben hat eine Verbindung zu sexuellen Angelegenheiten.

Acht ist wie die Drei eine Auslösezahl. Sie zeigt Vollendung und Stärke an und stellt die Zahl der Runen dar, derer es zu einer größeren Anrufung bedarf.

Neun kann als Vervollständigung verstanden werden, wobei sie das Ganze, das von der Acht repräsentiert wird, unterstützt und bestätigt.

Diese Ausdeutungen werden durch die tatsächliche Bedeutung oder Interpretation der jeweiligen Runen qualifiziert. So kann es beispielsweise Gelegenheiten geben, da drei Troll-Runen – ThThTh – lediglich eine geringfügigere Anrufung an die Mächte der Riesen oder Trolle bedeuten und nicht etwa die Freisetzung der Gestaltwandlungsmacht. Gleichermaßen könnte AAA drei Götter bedeuten, oder DDDDD fünf Tage, im Gegensatz zu einer kleinen Anrufung einer oder mehrerer Gottheiten oder eines Tages von besonderer Glückhaftigkeit und Erfolg. Der Runenmeister wird mit zunehmender Fertigkeit und Erfahrung lernen, die zutreffendste Bedeutung einer Reihe von anderen Interpretationsmöglichkeiten zu unterscheiden.

Troll-Runen

Eine wichtige Technik der Runenkunst wird in dem Eddagedicht veranschaulicht, das beschreibt, wie Skirnir Gerd als Braut für Freyr werben konnte. Die gebräuchlichen Geschenke und Schmeicheleien fruchteten nicht viel bei der störrischen und zögerlichen Gerd, bis Skirnir die unglückselige Maid mit einem der längsten und schrecklichsten Flüche bedroht, die jemals ausgesprochen wurden, obwohl er nicht annähernd so lang ist wie der Fluch des Christen St. Adalbert gegen die Diebe. Schließlich bewirkt der Fluch tatsächlich die gewünschte Reaktion.

Nachdem er einen geeigneten Ast gefunden hat, um die Runen hineinzuschneiden, bringt Skirnir diesen Fluch zustande, der aus einer bemerkenswerten Sammlung von Drohungen besteht. Dazu gehören unter anderem Besessensein durch einen dreiköpfigen Troll und eine Diät aus Ziegenhaaren, was durch die Schnitte in den Ast alles noch verstärkt wird:

Troll-Runen schneide ich, und dann noch
drei dazu;

Argheit Unrat und auch Lust.
Doch ritz ich jede Rune ab, die ich
geritzt,
Wenn es dessen nicht bedarf.

Interessant ist an dieser Geschichte nicht so sehr die Macht
des Fluchs selbst als vielmehr die Methode, die Skirnir verwendet. Bei der Troll-Rune handelte es sich um *Thurisaz*,
und es heißt, daß man mit ihr Dämonen aus der Unterwelt
zitieren konnte. Die drei darauffolgenden Runen »Argheit«, »Unrat« und »Lust« existieren als solche in keinem
bekannten Futhark der damaligen Zeit. Wenn Troll-Runen
allerdings die Bedeutung der auf sie folgenden Runenzeichen pervertieren oder umdrehen, ist es durchaus möglich,
daß existierende Buchstaben alternative Bedeutungen bekommen, wenn ihnen eine solche Sequenz als kleine Beschwörung (drei) vorangestellt wird. *Wunjo* wird meistens
mit »Freude« übersetzt, doch gibt es mindestens eine
Quelle, die die Deutung »Herbeiführen von Irresein« anbietet, was sie möglicherweise mit der »Argheit« aus Skirnirs Fluch identifiziert. Über die Bedeutung von *Pertho*
wird häufig gestritten, wobei so unterschiedliche Deutungen wie »Tanz«, »Obstbaum« und »Herd« vorgeschlagen
werden. Das angelsächsische Runengedicht schlägt
»Schachfigur« vor, doch das dürfte eine späte Ableitung
sein. In *Runic and Heroic Poems* vergleicht Leo diese Rune
mit dem slawischen Wort *pizda*, Vulva, und wenn man diese Deutung zusammen mit dem Obstbaum, dem Tanz und
dem Herd als sexuelle Euphemismen betrachtet, könnte
Pertho in einer Troll-Runen-Inschrift zur Lustrune für
Frauen und *Inguz* zur Lustrune für Männer werden. Bei
dem Unrat könnte es sich um eine modifizierte Bedeutung
von *Kaunaz* in der Interpretation »Geschwür« oder »Abszeß« handeln.
Skirnir ritzt erst die drei Troll-Runen und danach die

drei Runen des eigentlichen Fluchs. Damit erhalten wir eine Inschrift aus insgesamt sechs Zeichen, was an sich schon Unbehagen und Ablehnung anzeigt, und beides dürfte Gerd in der Tat empfunden haben! Daß es einer Reihe von Troll-Runen bedarf, um den Bedeutungswandel der Folgerunen auszulösen, ist aus mehrerlei Gründen offensichtlich. Wenn es nur einer *Thurisaz*-Rune bedurft hätte, könnte das ganze Futhark nicht existieren, ohne daß die letzten einundzwanzig Zeichen eine permanent veränderte Bedeutung bekämen, und das ist nicht der Fall. Wenn dem so gewesen wäre, wären Inschriften wie jene auf dem Halsreif von Strarup, auf dem Ortband von Thorsberg und auf dem Stein von Tune nicht möglich gewesen. Dann wäre die Rune ein zwar mächtiges, aber isoliertes magisches Symbol geblieben, so wie die Swastika und das Triskelion (Dreischenkel), und wäre niemals für epigraphische Zwecke verwendet worden.

Zwei Troll-Runen hätten die Gesamtzahl der Runen in der Inschrift auf fünf gebracht, eine Zahl, die eher Skirnirs Unterfangen entsprochen hätte als der Wirkung, die sein Runenzauber auf Gerd ausüben sollte. So ist die Drei mit Abstand die angemessenste Zahl für diese Sequenz, vor allen angesichts ihrer Rolle in der kleinen Beschwörung.

Die Runen aus dem Gemeingermanischen Futhark verändern ihre Bedeutung innerhalb einer Troll-Runenreihe folgendermaßen:

FEHU	- Armut	EIHWAZ	- Verlust von Fähigkeiten
URUZ	- Kraftverlust	PERTHO	- weibliche Lust
THURISAZ		ALGIZ	- Schutzlosigkeit
ANSUZ	- Verfluchung	SOWULO	- sengende Hitze
RAIDO	- Stürme	TEIWAZ	- Niederlage
KAUNAZ	- Unrat	BERKANA	- Unfruchtbarkeit
GEBO	- Geiz	EHWAZ	- Ungewissheit
WUNJO	- Argheit	MANNAZ	- Feindseligkeit

HAGALAZ	- Fluten	LAGUZ	- Dürre
NAUTHIZ	- Behinderung	INGUZ	- männliche Lust
ISA	- Verrat	OTHILA	- Erbverlust
JERA	- Hungersnot, Mangel	DAGAZ	- Dunkelheit

Die Anzahl der Runen in einer Sequenz

Damit ist ein neuer Aspekt der magischen Runennutzung ans Tageslicht getreten, nämlich der, daß die Zahl der Wiederholungen einer bestimmten Rune zwar eine eigene Bedeutung hat, aber auch eine Beziehung zu der Gesamtzahl der Runen haben muß, die die Sequenz oder Reihe ausmachen.

So wird die Rune *Gebo*, wenn sie auf drei Troll-Runen folgt, den Geiz fördern. Drei Troll-Runen zusammen mit *Fehu* bedeuten Armut. Drei Troll-Runen in Kombination mit *Uruz* weisen auf Schwäche hin. Jede dieser Sequenzen umfaßt insgesamt vier Runen und paßt in ihrer Bedeutung zu der Bedeutung dieser Zahl.

Dasselbe gilt für Reihen oder Sequenzen, die keine Troll-Runen enthalten. Das Wort auf der Speerspitze von Dahmsdorf, *ranja*, das mit »Renner« übersetzt wird, besteht aus fünf Buchstaben und hat außerdem eine Bedeutung. Die Fünf verschafft dem Eigner Befriedigung und Erfolg, also genau die Attribute, die er beim Einsatz der Waffe auch braucht. Auf der Speerspitze von Kowell steht *tilarids*, das als Vokabel »Zielsucher« bedeutet und gleichzeitig eine Sequenz von acht Buchstaben bildet.

In Fällen, in denen die Anzahl der Runen in einem Wort oder einer Reihe nicht zu ihrer Bedeutung passen mochte, standen dem Runenmeister mindestens zwei Techniken zur Verfügung, um diesen Mangel zu beheben. Die eine bestand im Gebrauch von *bindrunar* (Binderunen) oder Ligaturen, um die Gesamtzahl der Zeichen auf eine annehmbare und passende Summe zu bringen, die zweite in der Hinzufügung eines oder mehrerer magischer Symbole, beispielsweise dem Dreischenkel oder der Swastika.

H. R. Ellis Davidson argumentiert durchaus überzeugend, daß die Swastika mit Thors Hammer gleichzusetzen sei, räumt aber auch ein, daß die Swastika das ältere der beiden Symbole ist. Diese Gleichsetzung läßt sich auch durch den Rückgriff auf andere Quellen stützen, und es ist überdeutlich, daß solchen Zeichen zusammen mit dem Gewitterblitz, der ebenfalls dem Thor zugeschrieben wird, ein sehr viel größerer Wert eignet als einer schlichten Dekoration, und das obwohl sie selbst keine Runen sind. Diese Technik war unter anderem auch dem Beschrifter der Brosche von Værløse bekannt, der einer Runenreihe von sechs Zeichen mit der Bedeutung *alugod*, »magisch gut«, eine Swastika hinzufügte, um die Inschrift auf die akzeptablere Zahl von sieben Zeichen zu bringen.

Es wird immer wieder Ausnahmen von diesen Regeln geben, wie auch in der Numerologie selbst. Während der für die Brosche von Værløse verantwortliche Runenmeister genau wußte, was er, numerologisch gesehen, tat, darf

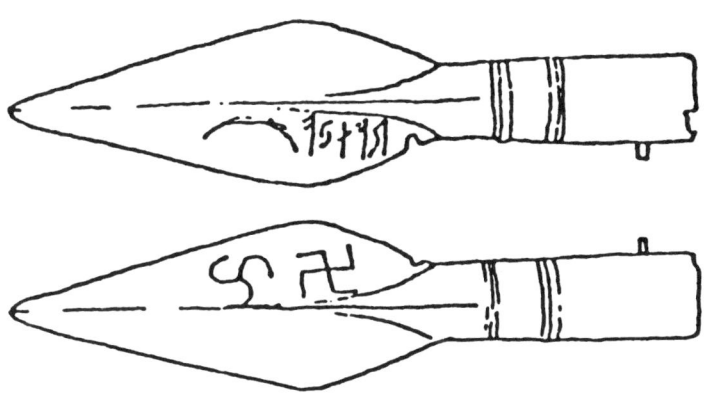

Die Speerspitze von Dahmsdorf

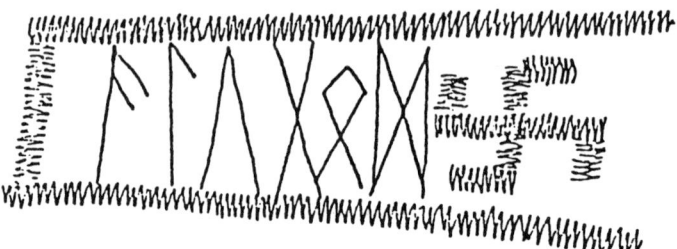

Die Brosche von Værløse

man nicht annehmen, daß dies bei jedem Runenmeister der Fall war. Auch für moderne magische Praktiken gilt: Wenn etwas, beispielsweise die Runen, für Sie funktioniert, spielt es nicht die geringste Rolle, ob Sie dabei gegen die Regeln verstoßen. Entscheidend ist jedoch das Wissen, welche dieser Regeln Sie ungestraft verletzen dürfen, und das setzt voraus, daß man sie alle kennt.

RUNEN UND DIVINATION

Der bekannteste Gebrauch der Runen ist der divinatorische, und es wäre sowohl unrichtig als auch ungerecht, so zu tun, als hätte diese Divination im Handwerk des Runenmeisters keine wichtige Rolle gespielt. Die Verwendung und Vorbereitung der Runen ist so alt wie der bekannte Gebrauch der Symbole selbst, wobei die *Germania* des Tacitus die Grundprinzipien festlegte, nach denen seitdem verfahren wird. Der Ausdruck »Runenwerfen« hat eine ungerechtfertigte und emotionsgeladene Konnotation, seit er von M. R. James als Titel einer Kurzgeschichte verwendet wurde. Diese Geschichte, die mit dem obligatorischen amerikanischen Helden als *Night of the Demon* verfilmt wurde, beschreibt die Versuche eines Zauberers (einer Gestalt, die angeblich auf Aleister Crowley beruhen soll), eine Kränkung zu rächen. Die in der Geschichte geschilderte Praktik stellte eine Form der Verfluchung dar, die sehr wenig Ähnlichkeit mit irgendwelchen Runenpraktiken aufweist: Zum einen werden die Runen des Zauberers niedergeschrieben und nicht geritzt. Zum Zweiten findet sich im Text kein Hinweis darauf, daß die Runen durch Verwendung seines eigenen Blutes mit dem Zauberer verbunden worden wären. Die Geschichte ist bloße Dichtung, wiewohl ein hervorragender Thriller, und braucht uns daher als solche nicht weiter zu beschäftigen.

Tatsächlich meint das Runenwerfen eine Methode, bei der die Runen zu divinatorischen Zwecken auf ein weißes Tuch gestürzt oder geworfen werden, wie es Tacitus im Jahre 98 beschrieb. Es dürfte von Nutzen sein, seinen Bericht einmal Satz für Satz durchzugehen.

Der älteste Bericht über die Runendivination

Tacitus schrieb um die Zeit, aus der die ältesten heute erhaltenen Runenfunde stammen. Er erklärt, daß die nordischen Völker eine hohe Achtung vor Omen und vor dem Loswerfen hatten, das stets derselben Prozedur folgte. Von einem Baum (Mattingley erwähnt einen nüssetragenden, andere Übersetzer sprechen von fruchttragenden Bäumen, was das Spektrum erheblich erweitert – denn eine Nuß kann zwar eine Frucht sein, aber nicht umgekehrt) wird ein Ast abgenommen und in Streifen (kleine Stücke) geschnitten. Diese Streifen werden mit verschiedenen Zeichen markiert, die man inzwischen zuverlässig als Runen identifiziert hat, dann werden sie ungeordnet auf ein weißes Tuch geworfen.

Die nächste Stufe hing davon ab, ob es bei der Lesung um den Stamm, ein Individuum oder einen Familienverband ging. Ging es um Stamm oder Staat, nahm ein Priester nacheinander drei der Streifen auf und interpretierte die darauf befindlichen Zeichen, nachdem er zu den Göttern gebetet und gen Himmel geschaut hatte, um bei der Auswahl die Augen abzuwenden. Ging es um eine Familie oder ein Individuum, war es Tacitus zufolge der »Vater«, der die Wahl traf. »Vater« ist die gängige Übersetzung, obwohl keine zweihundert Wörter später die Feststellung folgt, daß die Frau über eine besondere Gabe der Heiligkeit und Prophetie verfügte.

Das Geschlecht des Runenwerfers bleibt also mehrdeutig. Es ist durchaus möglich, daß es sich bei dem Begriff »Vater« um eine Fehlübersetzung handelt, ja sogar um die sexistische römische Interpretation eines Ausdrucks, der eigentlich »Familienoberhaupt« bedeutete. Es muß eingeräumt werden, daß die Römer, die ja von einer Wölfin abstammten, nicht so ohne weiteres ein Matriarchat hätten gelten lassen, statt dessen dürften sie ihre eigenen Werte in die fremde Kultur projiziert haben. Der Runenwerfer könnte daher ebenso wahrscheinlich weiblichen wie männlichen Geschlechts gewesen sein.

Damit haben wir aber immerhin die Grundlagen ermittelt, die wir nun extrapolieren können, um die ursprüngliche Praxis der Runendivination zu rekonstruieren.

Das Herstellen eigener Runen

Um es ohne Umschweife zu sagen: Jeder, der einen Satz fertiger Runen gekauft hat, kann sie nun getrost aus dem Fenster werfen. Der einzige Satz, den es zu besitzen lohnt, ist jener, den Sie selbst aus dem Holz eines fruchttragenden Baumes hergestellt haben.

Die Wahl des Baumes hängt weitgehend von der eigenen Vorliebe ab. Die meisten Bäume tragen Früchte, selbst wenn diese von Menschen nicht gegessen werden.

Manche Bäume werden offensichtlich stärker bevorzugt als andere. Die Esche ist durch die mit ihr verbundenen Assoziationen ein sehr stark runischer Baum, schließlich hing Odin von der Weltenesche Yggdrasil, um die Runen zu empfangen. Eibe und Birke sind Bäume, die ausdrücklich in Zusammenhang mit Runen genannt wurden, weshalb ihr Holz gern verwendet wird. Die Äpfel aus dem Korb der Göttin Idun erhalten die Jugend der nordischen Götter, und der Apfelbaum trägt natürlich ganz offensichtlich Früchte, auch wenn die wilden nordischen Arten kleine, saure Äpfel hervorbringen, mit denen wir uns heute höchstens befassen würden, um daraus Holzapfelgelee herzustellen.

Bevor Sie nun weitermachen, sollten Sie sich zunächst auf ein bestimmtes Futhark oder Futhork festlegen. In diesem Buch legen wir den Schwerpunkt auf das Gemeingermanische Futhark, aber vielleicht möchten Sie ja lieber mit den späteren Wikinger- oder angelsächsischen Versionen arbeiten. Vielleicht haben Sie auch Lust, mit allen dreien zu experimentieren. Dann ist es allerdings besser, drei separate Runensätze herzustellen, als die Buchstaben zu vermischen. Sonst müßten Sie die Runen nämlich erst sortieren, bevor Sie loslegen, und dabei könnte es passieren, daß Ihr Bewußtsein mit Deutungen konfrontiert wird, die nicht zu der eigentlichen Befragung gehören. Außerdem hängt es auch vom jeweiligen Runensatz ab, wieviel Holz Sie dafür brauchen.

Suchen Sie sich als nächstes einen Baum aus, dem Sie einen Ast abnehmen. Stellen Sie jedoch zuvor sicher, daß der Eigentümer auch damit einverstanden ist. Auf diese Weise sorgen Sie dafür, daß sich später keine ungewollten Einflüsse manifestieren, die Sie beim Gebrauch der Runen stören könnten. Die Nordischen Mysterien sind von großem Respekt gegenüber Natur und Umwelt geprägt, und daher sollten Sie das Holz auf eine Weise entfernen, die dem Baum möglichst wenig Schaden zufügt. Vielleicht möchten Sie ihm auch eine Art Dankopfer darbringen.

In den Nordischen Mysterien wird, anders als in manchen Zweigen des Wicca, nicht darauf bestanden, daß man das Holz nur innerhalb eines Schutzkreises und mit einem Messer mit weißem Griff schneiden darf. Die besten Werkzeuge sind: eine Säge, um den Ast zu sägen; ein Hobel oder eine Schleifmaschine, um eine glatte Oberfläche zu erhalten; und ein Schnitzmesser, mit dem Sie die feinen Einzelheiten der Buchstabenformen schneiden. Dieses Werkzeug muß nicht »jungfräulich« oder eigens zu seinem Zweck geweiht sein, doch ist die Reinheit der Absicht bei der Herstellung eigener Runen sicherlich eine Überlegung wert. Verwenden Sie die schärfsten Werkzeuge, die Sie bekommen können, und zwar aus zwei Gründen: Erstens läßt sich das Holz mit scharfem Werkzeug besser bearbeiten, und zweitens verursacht stumpfes Werkzeug im Falle

eines Mißgeschicks schartige Wunden, die nur schwer ver-
heilen.

Wenn Sie einen Ast schneiden, sollte der erste Schnitt
mindestens einen halben Zentimeter tief sein und im Kreis
rund um den Ast führen, bevor Sie sich daranmachen, ihn
ganz durchzusägen. Damit verhindern Sie, daß die Rinde
vom Gewicht des herabfallenden Holzes mitgerissen wird,
was unnötigen Schaden verursachen würde.

Ist das Holz einmal ausgesucht und vorbereitet, können
Sie sich daranmachen, die Runen zu schneiden. Vielleicht
warten Sie einen bestimmten Tag ab, etwa den Mittwoch
zu Ehren des Odin, oder eine Mondphase, beispielsweise
kurz vor Vollmond. Zeichnen Sie die Formen dünn mit
Bleistift vor, damit Sie auch wissen, wo und was Sie schneiden müssen. Üben Sie erst ein wenig mit einem überschüs-
sigen Stück, damit Sie ein Gefühl für das Messer und für
die Holzqualität entwickeln. Fangen Sie zunächst mit fla-
chen Schnitten an. Später können Sie sie immer noch ver-
breitern, aber was Sie erst einmal weggeschnitten haben,
läßt sich nicht mehr ersetzen. Falls Sie sich Sorgen machen,
daß Sie beim Schneiden übers Ziel hinausschießen könnten, befestigen Sie das Holz gut mit Klebeband und halten
ein Metallineal ans untere Ende der Kerbe, um die Klinge
dort zu bremsen.

Als nächstes werden Sie etwas brauchen, um die Runen
darin aufzubewahren. Ein mit einem Band verschließbarer
Lederbeutel ist dafür hervorragend geeignet, Sie können
sich für einen besonderen Satz aber auch etwas zusätzli-
ches Holz vom selben Baum beschaffen, es zurechtschnei-
den und einen Kasten für die Runen daraus zimmern. Auf
jeden Fall brauchen Sie ein Behältnis, aus dem Sie die Runen werfen können, falls sie zu groß sein sollten, um sie
alle vierundzwanzig in den Händen zu halten. Ferner
brauchen Sie ein weißes Tuch, das nur dazu dient, die
Runen darauf zu werfen. Das hält sie sauber und verhin-

dert etwaige Beeinträchtigungen durch Einflüsse des Möbelstücks oder des Fußbodens, auf den sie sonst fallen würden.

Nachdem Sie Ihre Runen fertiggestellt haben, können Sie mit der Divination beginnen. Doch bevor wir uns mit Vorschlägen zur Deutung der Runen im divinatorischen Kontext befassen, müssen wir erst einmal wissen, wie die Befragung vonstatten geht.

Das Werfen der Runen

Tacitus zufolge hält der Runenwerfer die Runen bereit, um sie auf das Tuch zu werfen, wobei er gen Himmel schaut und zu den Göttern betet. Tatsächlich handelt es sich bei dem Gebet um eine Invokation, und die Gottheit, an die sie gerichtet ist, ist Odin, der Meister der Weisheit und Spender der Runen. Dessen eingedenk, dürfte die angemessenste Invokation die aus den ersten beiden Strophen der *Runatál* sein:

> Ich weiß, daß ich hing am windigen Baum
> neun lange Nächte,
> vom Speer verwundet,
> dem Odin geweiht,
> mir selber ich selbst
> am Ast des Baumes, dem man nicht ansehn
> kann
> aus welcher Wurzel er sproß.

> Sie boten mir nicht Brot noch Met;
> Da neigt ich mich nieder
> nahm Runen auf, nahm sie ächzend!
> Da fiel ich ab zur Erde.

Werfen Sie die Runen bei den letzten Worten »Da fiel ich ab zur Erde«.

Die Zahl der Runen, die Sie für die Befragung schließlich verwenden, hängt von Ihren persönlichen Vorlieben ab, ebenso die Deutung der Symbole. Tacitus stellt fest, daß drei Runen aufgenommen und gedeutet werden. Wenn wir uns daran erinnern, daß die wichtigsten Zahlen der Nordischen Magie die Drei, die Acht und die Neun sind, ist das eine gute Zahl, um anzufangen. Wenn Sie eine ausführlichere Befragung wünschen, schlage ich vor, daß Sie mit zunehmender Sicherheit zwei weitere Gruppen von jeweils drei Runen hinzuziehen, so daß Sie insgesamt neun erhalten. So kombinieren Sie die Drei mit der Neun und folgen damit dem »inneren Takt« des Systems.

Es kann durchaus sein, daß Sie mit zunehmender Erfahrung Ihre eigene Methode entwickeln. Freya Aswynn arbeitet mit zwölf Runen, die sie zu den astrologischen Häusern in Verbindung setzt. Ich persönlich meide sowohl den Tarot als auch die Astrologie als südländische Interpolationen und arbeite mit drei Gruppen von jeweils drei Runen. Ich betrachte eine Befragung als abgeschlossen, wenn die Rune *Ehwaz* erscheint, da Tacitus seinen Bericht mit der Beschreibung der Methode fortsetzt, Omen von Pferden zu erhalten, was bei dieser Rune ein Element der Bestätigung nahelegt. Beide Techniken sind natürlich gleichermaßen gültig, und es kann gar nicht oft genug betont werden, daß die Runen sich, besser als jede andere Form von spirituellem Werkzeug, gerade der persönlichen Umsetzung und Deutung erschließen.

Wann die Runen zu werfen sind

Bei der beschriebenen Technik bedarf es jetzt, von den einzelnen Deutungen einmal abgesehen, nur noch der Überlegung, welche Zeit man für die Befragung wählt. Diese zu bestimmen, kann sehr einfach oder sehr kompliziert sein, ganz wie Sie möchten. Auch hier sollten Sie am besten nach dem Prinzip von Versuch und Irrtum verfahren. Es gibt keinen Grund für die Annahme, daß die Dunkelheit besser geeignet sei als die Stunden des Tageslichts, oder umgekehrt. Auch gilt kein bestimmter Wochentag als besonders geeignet. *In Spiele der Götter · Die magischen Ursprünge der Weissagung* schreibt Nigel Pennick allerdings jeder Rune eine Stunde zu, so daß Sie vielleicht die Befragung zu einer Runenstunde durchführen möchten, die besonders gut zur jeweils gestellten Frage paßt. Im nächsten Kapitel werden wir etwas ausführlicher darauf eingehen.

Eine, wenn auch etwas beschränkte Alternative dazu findet sich bei Tacitus, der große Sympathie für die nordischen Stämme hegte, über die er schrieb. Die Stämme, die die Runen verwendeten, hatten eine große Achtung vor dem Mond, und so hielten sie die Zeit kurz nach Neumond oder unmittelbar vor Vollmond für besonders glückbringend, um ein bestimmtes Vorhaben zu beginnen. Die Mondphasen spielen eine wichtige Rolle in der Nordischen Magie und werden den Nornen oder Schicksalsgöttinnen der Mythologie zugeordnet. Daraus könnte man ableiten, daß es besser ist, Runen bei zunehmenden als bei abnehmenden Mond zu werfen, und daß die ungünstigste Zeit dafür die des Dunkelmondes ist, der den nordischen Völkern auch als »Ahnung des Mondes« bekannt war, eine Zeit, da Gespenster und Dämonen umherstreifen und in der Welt der Menschen Böses anrichten. Vor allem Gespenster waren, anders als die christlichen Dämonen, physische Manifestationen, vor denen man sich fürchten mußte, und häufig hatte der isländische Exorzist alle Hände voll zu tun, sie wieder in ihre Gräber zu verbannen.

Als letzten Beitrag zum Thema Zeitbestimmung möchte ich, wiederum mit Beziehung zu den Nornen und den Mondphasen, folgendes vorschlagen:

Urd	Erstes Viertel	Vergangenheit
Verdandi	Vollmond	Gegenwart
Skuld	Letztes Viertel	Zukunft

Damit haben Sie die Möglichkeit, die Frage einer bestimmten Zeit zuzuordnen, beides sowohl mit dem Mond als auch mit den Nornen zu verbinden und sich des zusätzlichen Vorteils ihrer Einflußnahme zu vergewissern. So ist beispielsweise die Frage »Wäre es besser gewesen, wenn Ingrid das und das getan hätte?« der Urd und dem ersten Viertel zuzuordnen, da sie der Vergangenheit angehört. »Tut Ingrid das und das?« ist eine Verdandi/Vollmond-Frage, die sich auf die Gegenwart bezieht. Und »Wird Ingrid das und das tun?« ist eine Skuld/Letztes-Viertel-Frage, die eine Antwort im Hinblick auf die Zukunft verlangt.

Die Deutung des Runenwurfs

Nun stehen wir vor der Frage nach der Ausdeutung. Auch diese erfolgt schlußendlich individuell, denn dabei müssen Entscheidungen getroffen werden. Allerdings braucht keine Entscheidung jemals endgültig zu sein, und der kluge Runenwerfer wird sein eigenes, persönliches System ständig im Lichte seiner Erfahrung modifizieren und verbessern. Denn was für Sie funktioniert, arbeitet auch für Sie!

Die Grundfragen, sie Sie sich stellen sollten, bevor Sie einen Runenwurf deuten, lauten:

1. Verfüge ich über einen vollständigen Satz von Deutungen für das Futhark/Futhork, mit dem ich arbeiten werde?
2. Möchte ich an den vorgegebenen Deutungen noch persönlich etwas ändern oder Ergänzungen hinzufügen?
3. Will ich Runen, die auf dem Kopf stehen, als negativ (oder anders) beeinflußt deuten?

Die erste Frage wurde schon abgehandelt, bevor Sie Ihre Runen angefertigt haben, und so brauchen Sie sich damit nur dann zu beschäftigen, wenn Sie das Gefühl haben, daß

Sie vielleicht besser mit einem anderen Futhark/Futhork arbeiten sollten. Die zweite Frage läßt sich nur mit der Zeit und mit zunehmender Erfahrung beantworten. Weiter unten finden Sie als Zwischenlösung eine Vorschlagsliste von Bedeutungen für das Gemeingermanische Futhark. Die Deutungen der anderen Runensysteme können Sie den entsprechenden Runengedichten entnehmen.

Die dritte Frage ist die komplizierteste. Wenn wir die Gestalt der Runen betrachten, stellen wir fest, daß manche von ihnen umgedreht genauso aussehen wie aufrecht, so daß wir keine alternative Bedeutung ermitteln können.

Interessanterweise sind es genau neun, bei denen das der Fall ist. Vielleicht meinen Sie ja, daß die verbliebenen fünfzehn Ihnen hinreichend Vielseitigkeit und Spielraum bieten, um Ihre Befragung zu differenzieren. Vielleicht sind Sie aber auch ein Purist und finden, daß das Konzept umgekehrter Runen allzu große Ähnlichkeit mit der Deutung umgedrehter Tarotkarten aufweist, und da diese in den nordischen Ländern nie heimisch waren, lehnen Sie ein solches Vorgehen vielleicht ab. Das beste ist, Sie tun genau das, was sich für Sie richtig anfühlt, wobei Sie sich vor Augen halten können, daß es sich immer noch modifizieren läßt, sollte die Erfahrung zeigen, daß es für Sie persönlich doch nicht richtig ist.

Die Bedeutung der Runen

Die hier vorgeschlagenen Bedeutungen der Runen zum Zwecke der Divination sollen nur als Übergangslösungen verstanden werden. Mit der Zeit werden Sie zu Ihren eigenen Deutungen und Interpretationsmethoden gelangen. Inversionen sind nicht berücksichtigt, doch im allgemeinen können Sie davon ausgehen, daß auf dem Kopf stehende Runen das Gegenteil von dem bedeuten, was hier aufgelistet ist.

FEHU: finanzielle Stärke und Wohlstand in der Gegenwart und nahen Zukunft. Gewonnener oder erworbener Besitz.

URUZ: körperliche Kraft und Schnelligkeit. Kann sich auf den Befrager oder auf andere beziehen.

THURISAZ: Konflikte und Verwicklungen aggressiver Art. Unzuverlässigkeit. Neigung zum Wandel/zur Veränderung.

ANSUZ: Segnungen, vor allem im Zusammenhang mit Religion. Der Trost des Glaubens.

RAIDO: Reise, sowohl physische als auch weltanschauliche. Die richtige Entscheidung fällen und ausführen.

KAUNAZ: Möglichkeit gesundheitlicher Probleme sowie allgemeiner geistiger oder körperlicher Kränklichkeit oder des Unbehagens.

GEBO: Geschenke/Gaben, sowohl im Sinne von Opfer als auch von Großzügigkeit. Alle im Zusammenhang mit Austausch stehenden Dinge, darunter auch Verträge und persönliche Beziehungen.

WUNJO: Wonne, Freude, aber auch die Möglichkeit des Übertreibens. Bei Zügelung allgemeiner Erfolg und Wertschätzung.

HAGALAZ: unkontrollierte Kräfte, sei es im Unbewußten oder außerhalb in der physischen Welt, dort vor allem das Wetter.

NAUTHIZ: Einschränkung durch Not. Harte Arbeit bringt schließlich Linderung von Leid durch finanzielle Einschränkung.

ISA: psychologische Blockaden im Denken oder Tun, darunter auch Trauer. Beim Werfen verstärkt die Rune die Bedeutung der sie umgebenden.

JERA: Hoffnungen und Erwartungen von Frieden und Wohlstand. Die Verheißung von Erfolg. Die Resultate früherer Bemühungen werden verwirklicht.

EIHWAZ: der Antrieb, etwas zu erwerben, der Motivation und Zielstrebigkeit verleiht.

PERTHO: weibliche Belange und Mysterien einschließlich der weiblichen Fruchtbarkeit. Kreativität, die ihrer Erfüllung harrt.

ALGIZ: der Drang, sich selbst oder andere zu schützen. Festhalten am Erfolg oder Bewahrung einer errungenen oder verdienten Stellung.

SOWULO: die Lebenskraft. Stabile Gesundheit oder andere günstige Umstände und künftige Harmonie. Verbindung zwischen dem höheren Selbst und dem Unbewußten.

TEIWAZ: Wissen um die eigenen wahren Stärken. Allgemeiner Erfolg und Erfolg in rechtlichen Dingen. Ehre, Gerechtigkeit, Führerschaft und Autorität.

BERKANA: allgemeine Fruchtbarkeit, sowohl geistige als auch körperliche, sowie persönliche Entwicklung, das Gedeihen eines Unternehmens.

M EHWAZ: gesellschaftliche Stellung, persönlicher Status, eine Nachricht der Götter. Beim Werfen bestätigt diese Rune ohne jede Einschränkung die Bedeutung der sie umgebenden.

M MANNAZ: das Individuum oder die Rasse. Ihre Einstellung zu anderen und deren Einstellung zu Ihnen. Freunde und Feinde.

Γ LAGUZ: Erfolg bei Reise oder Erwerb, allerdings mit der Möglichkeit des Verlusts. Imagination und geistig-paranormale Angelegenheiten.

◊ INGUZ: männliche Fruchtbarkeit und Erwartungen auf der physischen Ebene, darunter auch Angelegenheiten der Gesundheit, der Familie und des Nachwuchses.

⧓ OTHLA: Erbschaft. Ihr Heim, einschließlich körperlicher Vaterschaft, spirituellen Erbes, Erfahrung und fundamentaler Werte.

M DAGAZ: Sicherheit und Gewißheit. Die Klarheit des Tageslichts im Gegensatz zur Ungewißheit der Nacht. Zeit, ein Unternehmen zu planen oder zu beginnen.

Über eine etwaige Rolle der *ættir* bei der Divination gibt es unterschiedliche Meinungen. Freya Aswynn ordnet ihre Deutungen so an, daß sich das erste *ætt* mit den fundamentalsten Grundlagen sowie mit der äußeren Welt befaßt. Das zweite reicht dann schon viel tiefer in die psychologische Verfassung des Individuums und beschäftigt sich mit inneren Erwägungen. Das dritte *ætt* transzendiert die ersten beiden, es konzentriert sich auf Beziehungen zu anderen und strebt eine Synthese und Integration der ersten beiden an.

Ich persönlich ziehe es vor, die zeitlich später liegenden psychologischen Disziplinen vom magischen Vorgehen fernzuhalten und dieses auf seine Grundlagen zurückzuführen, soweit dies dem modernen Menschen angesichts der unterschiedlichen Einflüsse, denen er ausgeliefert ist, überhaupt möglich ist. Auch auf diesem Gebiet sollte die persönliche Vorliebe das Entscheidungskriterium bleiben.

Mit den oben ausgeführten Hinweisen dürften Sie nun in der Lage sein, Ihre ersten runendivinatorischen Experimente durchzuführen. Wie alle geistig-paranormalen Techniken wird auch diese möglicherweise einige Zeit erfordern, bis sie sich Ihnen erschließt, aber irgendwann werden sich Erfolge einstellen. Beharrlichkeit wirkt Wunder.

DIE ARBEIT MIT DEN RUNEN

Wie immer Sie auch mit den Runen arbeiten wollen, sei es zur Heilung, für die persönliche Entwicklung, zur Divination oder auf irgendeinem anderen Gebiet, wenn Sie wirklich damit erfolgreich sein wollen, ist es unerläßlich, daß Sie sie zu einem Bestandteil Ihres Alltagslebens machen. Es gibt verschiedene Möglichkeiten, dies zu tun. Die einfachste besteht darin, einen Ring oder Anhänger mit eingravierten Runen herzustellen oder zu erwerben. Wenn Sie sich ein wenig umsehen, werden Sie auf dem Markt einige Fertigprodukte finden, am besten aber sind jene Gegenstände, die Sie entweder selbst anfertigen, sofern Sie über die Fähigkeit dazu verfügen, oder für sich anfertigen lassen. Wenn Sie Ihren eigenen Runensatz mit einem Schnitzmesser herstellen können, können Sie auch ein vollständiges Futhark in kleinerem Maßstab in ein Stück desselben Holzes ritzen, dieses durchbohren, ein Band hindurchziehen und es sich um den Hals hängen. Eibenholz ist dafür geradezu ideal geeignet, weil es selbst in dünnen Scheiben sehr hart und stabil bleibt. In diesem Kapitel finden Sie Vorschläge, wie und wann Sie die Runen in Ihr Alltagsleben integrieren können.

Die Runenuhr

In seinem Werk *Spiele der Götter · Die magischen Ursprünge der Weissagung* beschreibt Nigel Pennick eine Runenuhr, mit der jeder der vierundzwanzig Stunden eine Rune des Gemeingermanischen Futhark zugeordnet wird. Bei ihm beginnt die jeweilige Stunde dreißig Minuten vor und endet dreißig Minuten nach der eigentlichen Zeitstunde. So deckt die Rune Jera beispielsweise die Mitternacht ab, während die Uhr von 23:30 bis 00:30 läuft. Die anderen Runen folgen in der Ordnung des Futhark, und der Tag beginnt mit *Fehu*, die von 12:30 bis 13:30 herrscht.

Das ist die eine Möglichkeit, eine Runenuhr zu konstruieren. Wenn Sie jedoch auf den alten nordischen Glauben zurückgreifen, daß der Tag mit dem Sonnenuntergang des Vortags beginnt, werden Sie ihn mit *Fehu* gegen 18:00 Uhr (durchschnittliche Uhrzeit des Sonnenuntergangs) beginnen lassen wollen. Die alte heidnische Auffassung, daß die Nacht den Tag einleitet, ist auch der Grund dafür, daß es noch heute so viele »Abend«-Feiern gibt. Die Mainacht ist die legendäre Walpurgisnacht, da die Hexen zum Sabbat reiten und alles (nichtchristliche) Böse entfesselt ist. Eine weitere berühmte Abendfeier, die, sehr zum Unbehagen christlicher Fundamentalisten, immer beliebter wird, ist *Hallowe'en*, der Vorabend von Allerheiligen, da die freundlich gesinnten Toten zu ihren Hinterbliebenen zurückkehren, während unfreundliche Kinder unter Androhung von Streichen Forderungen an uns stellen.

Man kann den puristischen Standpunkt des mittelalterlichen Magiers annehmen und aufs genaueste ermitteln, um wieviel Uhr der Sonnenuntergang tatsächlich stattfindet, um damit den Tagesbeginn präzise zu bestimmen und die Zeiten des betreffenden Tages daran anzupassen. Andererseits mag Ihnen das auch als unnötige Komplizierung erscheinen, so daß Sie vielleicht doch lieber die einfachste Runenuhr übernehmen und die Stunde *Fehus* mit Mitternacht (00:00) beginnen und bis 01:00 Uhr dauern lassen.

Gerade weil die Arbeit mit den Runen etwas so Persönliches ist, können Sie diese Entscheidung getrost selbst fällen, auch wenn Sie später vielleicht die Entdeckung machen sollten, daß sie unangebracht ist, und sie wieder revidieren. Der Zweck der Runenuhr besteht darin, ein Gespür für die Rune zur entsprechender Tageszeit zu entwickeln. Es bedarf keiner weiteren Erläuterung, daß Sie, wenn Sie dies erfolgreich tun wollen, einen Wecker und auch einen flexiblen Tagesplan brauchen, doch lohnt die Übung durchaus, weil sie das Verständnis sowohl der Runenbedeutungen als auch der Runenzuordnungen fördert.

Die Runen und der Kalender

Wer über hinreichende mathematische Fähigkeiten verfügt, kann jede Zahlenreihe an andere Zahlenreihen anpassen. Nigel Pennick setzt die vierundzwanzig Runen mit einem Vierundzwanzigsteljahr gleich, was fünfzehn Tagen, fünf Stunden und einigen Minuten und Sekunden entspricht, einen halben Durchschnittsmonat ergibt und in etwa an vierzehn Tage herankommt. Eine einfachere Methode besteht darin, sich einen Kalender vorzunehmen und zu Monatsmitte und -ende die jeweils nächste Rune einzutragen. Das mag vielleicht nicht ganz so präzise sein, gibt Ihnen aber ein Gespür für die Runenkräfte im Laufe des Jahres.

Vergessen Sie nicht, daß dies etwas Persönliches ist, und experimentieren Sie ruhig damit, welche Rune Sie wann setzen. Sie können beispielsweise *Jera*, die Ernterune, in die letzte August- oder erste Septemberhälfte legen. Stellen Sie selbst fest, was sich im Laufe des Jahres richtig anfühlt. Da der Februar meistens der kälteste Monat ist, können Sie hier *Isa* setzen und spüren, wie gut das für Sie funktioniert. Die Tatsache, daß darauf *Jera* folgt, läßt sich auch leicht dem werdenden Frühling und dem Aufblühen des neuen, dem Boden »entspringenden« Lebens zuordnen.

Das heidnische Jahr kennt acht Feste, die auf Seite 149 aufgelistet sind. Wir haben schon festgestellt, daß die Acht eine wichtige Zahl in der Runenkunde ist. Versuchen Sie einmal, jedem Fest drei Runen zuzuordnen, und beobachten Sie, wie dies Ihre Haltung dazu beeinflußt. Auf Seite 154 wird im Zusammenhang mit dem vorgeschlagenen Muster eines kultischen Rahmenprogramms ein Beispiel dafür gegeben.

Die Wochentage

Ein christlicher Festtag, der unvermeidlich und zu einem geregelten Bestandteil in jedermanns Leben geworden ist, ist der Sonntag. Er beruht auf derselben Vorstellung wie der jüdische, alttestamentarische Sabbat, wenn auch auf einen anderen Tag verlegt. So ist der Sonntag offiziell ein Tag der Ruhe, der von Paradoxien und Verwirrungen nur so wimmelt. Nehmen wir England als Beispiel. Hier bieten die Ladenöffnungsgesetze ein völliges Durcheinander, was den Sonntag betrifft. Offiziell darf man am Sonntag zwar Softpornos kaufen, aber keine Bibel. Sechs Tage in der Woche (außer am Karfreitag) darf man um 16:00 Uhr Wein für einen privaten Gottesdienst erwerben, dafür ist es jedoch am Sonntag verboten. Sonntag ist der Tag, an dem nicht gearbeitet werden darf, es sei denn, man zählt das Kochen des sonntäglichen Mittagessens dazu, die Autowäsche, das Erledigen von Hausarbeit, die Unterhaltung der Kinder, das Rasenmähen... Es ist der Tag, von dem es heißt, daß an ihm der Herr geruht habe, weshalb alle anderen das auch tun sollen, ob sie wollen oder nicht. Ich schreibe diese Zeilen gerade an einem Sonntag. Es ist auch der Wochentag, an dem einige Kirchenchristen sich um Gottesdienste bemühen.

Das Christentum hat die heidnischen Hauptfeste »legitimiert«. Indem der Sonntag für den Gottesdienst reserviert würde, trat er an die Stelle der individuellen Festtage, die die Heiden einer entsprechenden Gottheit weihten. Die Wochentage tragen alle Namen, die sich in der einen oder anderen Form auf Gottheiten beziehen. Das englische *Wednesday* (Mittwoch) heißt im Altnordischen *Odinsdagr*, im Niederländischen *Woensdag*, im Angelsächsischen *Wodenesdaeg* und im Schwedischen und Dänischen *Onsdag*. Der Freitag heißt im Altnordischen *Friadagr*, im Niederländischen *Vrijdag* und im Angelsächsischen *Frigedaeg*. Auch Dienstag und Donnerstag lassen sich eindeutig auf ihre heidnischen Wurzeln zurückführen. Den Samstag darf man getrost dem Loki zuordnen, obwohl die etymologische Ableitung eingestandenermaßen gequält wirkt und eher durch Gewohnheit als durch Gelehrsamkeit gestützt wird. Die Wochentage wurden also folgendermaßen zugeordnet:

Sonntag	Sonne
Montag	Mond
Dienstag	Tyr
Mittwoch	Odin
Donnerstag	Thor
Freitag	Freyja
Samstag	Loki

Dieses Schema ist im Prinzip römischen Ursprungs und stützt sich auf die Romanisierung nordischer Gottheiten. Sonne und Mond galten im Norden nie als Hauptgötter, doch ist der Hinweis interessant, daß sie nicht dasselbe Geschlecht besaßen wie im Süden, wo die Sonne männlich und der Mond weiblich ist. Wenn wir also annehmen, daß die Zuordnung des Sonntags zur Sonne stimmt, war dies der Tag einer Göttin – zur Verzweiflung sämtlicher Christen. Andererseits muß man auch berücksichtigen, daß Balder ebenfalls eine Sonnengottheit ist.

Im obigen Schema können Sie den Sonntag und den Montag einer beliebigen Gottheit Ihrer Wahl zuordnen. Ein Vorschlag wäre, den Sonntag einer Göttin zu weihen, ohne diese unbedingt mit der Sonne in Verbindung zu bringen. Der Montag bietet sich für viele Deutungen an. Es ließe sich darstellen, daß die Nornen für die Phasen des Mondes verantwortlich sind. Auch Hel könnte als Unterweltsgottheit diesem Tag zugeordnet werden, schließlich tritt der Mond aus der Unterwelt hervor und kehrt in diese zurück; aber es kann auch jede andere Gottheit dafür in Anspruch genommen werden, die dem individuellen Gläubigen angebracht erscheint. Kurzum, Sie können jedem dieser Tage die Gottheit zuweisen, die Ihnen am angenehmsten ist.

Die Monate

Es wurden schon zahlreiche Versuche unternommen, die Monate mit den Sternzeichen des Zodiaks gleichzusetzen, doch sind sie aus den verschiedensten Gründen alle zum Scheitern verurteilt. Zunächst einmal lebten unsere Ahnen viel zu weit im Norden, um alle zwölf Zeichen überhaupt sehen zu können. Die Überlieferungen um den Zodiak entstanden im Mittleren Osten, und obwohl sie im Laufe der Zeit nach Norden vordrangen, waren sie in Skandinavien nur von geringer Bedeutung.

Zwar gab es im Norden durchaus Sternenweistum, aber es gibt keinen Beleg dafür, daß dies irgend etwas mit dem Zodiak zu tun gehabt hätte. In früher Zeit, als das Mondjahr mit seinen dreizehn Monaten galt, wurde jeder Monat von einem Neumond zum nächsten gezählt, und der Zodiak hätte somit nicht die geringste Bedeutung gehabt, selbst wenn man ihn als solchen gekannt hätte. In späterer Zeit, als der Sonnenkalender den alten Mondkalender abgelöst hatte, erlangten die individuellen Monate größere Bedeutung. Es sind sowohl nordische als auch angelsächsische Monatslisten überliefert. Die Bezeichnungen bezogen sich häufig auf das typische, zu erwartende Wetter, auf die Jahreszeit oder auf ein in dieser Zeit gelegenes Fest.

Eine faszinierende Überlegung, die es verdient hat, ausführlicher erforscht zu werden, bringt die im *Grimnirlied* erwähnten zwölf Heimstätten der Götter mit den zwölf Monaten des Jahres in Verbindung:

1. Thor   Trudheim (Land der Stärke)
2. Ull   Ydalir (Eibental)
3. Freyr   Alfheim (Alben- oder Elfenland)
4. Frigg   Sökkvabekk (Kleinodbank)
5. Odin   Gladsheim (Froheim, Wonnesitz)
6. Skadi   Trymheim (Lärmheim)
7. Balder   Breidablik (Breitglanz)
8. Heimdall Himinbjörg (Himmelsburg)
9. Freyja   Folkwang (Volksanger)
10. Forseti   Glitnir (Glastheim)
11. Njörd   Noatun (Schiffsstätte)
12. Widar   Widi (Waldgestrüpp)

Einige dieser Namen erinnern an Wetterbedingungen: *Glitnir* fühlt sich eindeutig frostig an. *Sökkvabekk* läßt die Feuchtigkeit des Februars anklingen, während *Breidablik* und *Himinbjörg* eine Sonne in Erinnerung rufen, die hell, kräftig und hoch am Himmel strahlt. Die Verse des *Grimnirlieds* bieten noch mehr Informationen, auch Verwirrendes ist darunter, und lohnen das Studium durchaus. Das gleiche gilt auch, wiewohl ein breiteres Themenspektrum umfassend, für so gut wie alle Gedichte der *Älteren Edda*.

Himmelsrichtungen und Zeit

Jeder Mensch kennt vier Richtungen – vorn, hinten, rechts und links. Zusammen mit der Beobachtung der (scheinbaren) Sonnenbewegung lassen diese sich fast universell in Himmelsrichtungen übersetzen, die dem Menschen bei der Bewegung auf seinem Planeten behilflich sein können.

Die nördlichen Völker »orientierten« (orientieren: »sich nach Osten ausrichten«) sich meistens nach Norden, man sollte schließlich nicht vergessen, daß wir uns hier schon fast im Land der Mitternachtssonne befinden. Die beobachteten Richtungen Norden und Süden markieren die Winter- und Sommersonnenwende. Die wahrgenommenen Richtungen Osten und Westen werden von der Frühjahrs- und der Herbsttagundnachtgleiche bestimmt. Es gibt also vier Horizontrichtungen, die in der nordischen Mythologie von den vier Zwergen Nordri (Norder), Sudri (Süder), Austri (Oster), Westri (Wester) getragen werden, die dort aufgestellt wurden, nachdem die Söhne des Bor (Odins Vater) aus dem Fleisch und den Knochen des Riesen Ymir die Welt erschaffen hatten.

Doch brauchten unsere Vorfahren im Alltagsleben eine etwas genauere Bestimmungsmöglichkeit, als sie die vier Himmelsrichtungen allein bieten konnten. Deshalb wurden die vier Quadranten noch einmal unterteilt, wodurch man insgesamt acht Richtungen erhielt, von denen jede einem Tagesabschnitt entsprach. Und aus dieser Einteilung, die noch vor weniger als einem Jahrhundert in Island von Familien benutzt wurde, die über keine Uhr verfügten, ergaben sich weitere Zuordnungen.

Die Mitternacht gehörte natürlich in den Süden, den dunkelsten Himmelsabschnitt. War dies erst einmal festgelegt, ergaben sich die weiteren Zuordnungen von selbst. Der Nordosten stellte die frühen Morgenstunden dar, die Zeit zwischen Mitternacht und Morgendämmerung, da der menschliche Geist seinen Tiefpunkt erreicht hat und sich meistens im Schlaf erfrischt. Der Osten entspricht naheliegenderweise – auf Beobachtung beruhend – dem Sonnenaufgang, der Süden dagegen dem Mittag, der im Norden stets als die Zeit galt, in der die Sonne im Süden steht. Die Zeit dazwischen, dem Südosten zugeordnet, war der Vormittag, da die Erde wärmer wurde und auch der

Mensch sich für seine Arbeit erwärmte. Nachdem die Sonne den Mittagspunkt durchlaufen hatte, ging auch der Tag seiner Neige entgegen, so daß der Südwesten dem Nachmittag entsprach. Der Sonnenuntergang im Westen brachte den Beginn der Nacht, und der Nordwesten steht für die Zeit zwischen dem abendlichen Zwielicht und der Mitternachtsfinsternis.

Die Mondphasen

Im Kapitel über Runendivination haben wir die Mondphasen den drei *ættir* des Gemeingermanischen Futhark zugeordnet. Doch auch auf die Gefahr hin, eine Anomalie ins Leben zu rufen, muß man feststellen, daß man es eigentlich mit vier und nicht mit drei Mondphasen zu tun hat: das erste Viertel, der Vollmond, das letzte Viertel und der Neumond.

Die Runen sind zwar logisch genug, um eine Ordnung vorzugeben, aber auch unlogisch genug, um Widersprüche aufzuweisen. Drei Mondphasen würden gut zu den drei *ættir* des Futhark passen. Vier Phasen jedoch verlangen nach einer Unterteilung der vierundzwanzig Runen in vier Gruppen zu jeweils sechs Buchstaben. Sollte dies für Ihre Arbeit taugen, ist es auch richtig für Sie. Es kann gar nicht oft genug betont werden, daß die Runen ein persönliches System darstellen, trotz des Dogmatismus mancher Autoren, und daß das persönliche Experiment immer noch die beste Methode ist, um festzustellen, wie man am wirkungsvollsten mit ihnen umgehen kann.

Persönliche Hingabe

Aus dem oben Gesagten lassen sich Überlegungen ableiten, wie unsere nordischen Vorfahren die Tage, Monate und Jahre strukturierten. Wenn wir dies im Auge behalten, sind wir in der Lage, ein Rahmengerüst zu entwickeln, das als Grundlage für unser Tun und unsere Kulthandlungen dienen kann.

Damit die Runen Ihnen so umfassend dienen können wie möglich, müssen Sie sich in die dahinterstehende Überlieferung und Mythologie einschwingen. Die persönliche Identifikation mit einer nordischen Gottheit ist ein hochwirksames Mittel, um diese Einstimmung herzustellen. Eines der Ziele jedes Verehrungsrituals ist die möglichst enge Identifizierung mit der eigenen Gottheit. Selbst das Christentum hat dies in der *Imitatio Christi* des Hl. Thomas von Kempten anerkannt.

Eine Beziehung zu den Göttern läßt sich auf zweierlei Weise herstellen. Die erste Möglichkeit ist die Identifikation, die Ihnen wohl am leichtesten fallen dürfte, wenn die Gottheit dasselbe Geschlecht hat wie Sie, die aber keineswegs unmöglich ist, wenn sie dem anderen Geschlecht zugehört. Die zweite Möglichkeit besteht darin, sich mit der Gottheit zu polarisieren, sich also mit ihrem Gemahl zu identifizieren. Will eine Frau beispielsweise den Thor verehren, könnte sie sich mit Sif identifizieren, es sei denn, es handelt sich um eine sehr starke Frau, dann wäre auch eine unmittelbare Identifikation mit Thor durchaus möglich. Allerdings könnte sie dafür einen hohen Preis zahlen, indem sie nämlich mehr Merkmale des anderen Geschlechts übernimmt, als sie eigentlich möchte.

Um die Identifizierung zu erleichtern, sei es mit der Gottheit oder ihrem Gemahl/ihrer Gemahlin, studieren Sie ihren Charakter und ihre körperlichen Merkmale. Gibt es vielleicht irgendwelche körperlichen Entsprechungen zwischen Ihnen und der Gottheit Ihrer Wahl? (Ja, meine rechte Hand ist nicht ganz so kräftig wie die Linke, so daß ich möglicherweise eine Verbindung zu Tyr habe.) Als nächstes schauen sie sich das Wesen des Gottes oder der Göttin an. Wie verhalten sie sich in einer bestimmten mythischen Situation? Was würden Sie in dieser Situation tun?

Würden Sie unter ähnlichen Umständen mehr oder weniger ähnlich reagieren? Gibt es vielleicht noch andere Entsprechungen, beispielsweise Vorlieben oder Abneigungen? So könnte etwa eine Vorliebe für Schmuck, besonders für Halsketten, eine Verbindung zu Freyja andeuten. Diese Identifizierung wird mehr oder weniger von selbst in einem natürlichen Prozeß stattfinden.

Bei der Hingabe geht es um mehr, als nur um die Verehrung der eigenen Gottheit. Verehrung impliziert Distanz durch Unterscheidung in erhaben und niedrig, in Gottheit und Bittsteller. Nur wenn man sich die Mühe macht, die Eigenschaften und Attribute der betreffenden Gottheit selbst zu verkörpern, was übrigens die einzige Möglichkeit ist, eine Gottheit auf unserer Existenzebene zu erfahren, kann es zu einer echten Manifestation kommen. Das technische Vorgehen besteht darin, daß wir uns selbst mit der Energie unseres Gottes durchfluten. So werden wir zu diesem Gott und dann, nachdem wir in die angenommene Identität dieser Gottheit eingetreten sind, können wir auch einen Teil ihrer Macht ausüben. So werden Sie beispielsweise einen magischen Willensakt oder die Darbietung einer Absichtserklärung mit sehr viel mehr Aussicht auf Erfolg durchführen können, als wenn Sie es nur als gewöhnliches Menschenwesen täten.

Es sollte beachtet werden, daß der traditionelle Hexenkult demselben achtgeteilten Feste-Kalendarium folgt, das wir hier in Beziehung zu den nordischen Konzepten von den Himmelsrichtungen und den Zeitabschnitten setzen. Die Tatsache, daß die Feste über die Kulturen hinweg eine große Rolle spielten, zeigt sich daran, daß sie christianisiert wurden und bis heute erhalten geblieben sind:

Jul = nordische Nachtmutter = Weihnachten
2. Februar = keltisches Imbolc = Lichtmeß/Reinigung der Heiligen Jungfrau Maria

Frühjahrstagundnachtgleiche (21. März) = nordisch/keltisch Ostara = St. Benedikt (25. März = Mariä Verkündigung)
Mainacht = nordisch Walburg = keltisch Beltane = St. Katharina von Siena (1. Mai = St. Philipp und St. Jakob [Apostel])
Sommersonnenwende (21. Juni) = nordisch/keltisch Mittsommer = St. Aloysius Gonzaga (24. Juni = Geburtstag Johannes des Täufers)
Augustnacht = keltisch Lammas = St. Ignatius von Loyola
Herbsttagundnachtgleiche (21. September) = keltisch Mabon = Matthäus (Apostel)
Hallowe'en = nordisch Winteranfang = keltisch Samhain = Nacht vor Allerheiligen am 1. November

Nun könnte man einwenden, daß die Kirche doch praktisch an jedem Tag des Jahres einen Heiligen feiert, was ja auch tatsächlich stimmt. Doch wurden diese besonderen Daten von der Kirche auf die gleiche Weise übernommen wie die heidnischen Kultstätten. Zugegeben, einige der hier aufgelisteten Feste sind vergleichsweise jungen Datums, doch zeigt schon ein wenig Forschung, daß sie zum größten Teil frühere, inzwischen weniger angesehene Glanzlichter des Katholizismus ersetzt haben.

Ein kultisches Rahmengerüst

Die Gottheiten in dem Schema auf Seite 152 und 153 spiegeln meine eigenen Vorlieben wider und sollten, wie alle bisher vorgestellten Beispiele, nur als Anregung verstanden werden. Die Liste ist absichtlich unvollständig. Erforschen Sie sie selbst und verwenden Sie dann Ihre eigenen bevorzugten Korrespondenzen und nicht unbedingt die eines anderen, um die besten persönlichen Ergebnisse zu erzielen. Es wurden auch einige Korrespondenzen beigefügt. Diese lassen sich verwenden, um die

Einzelheiten des Rituals zu bestimmen, Synchronizitäten zu beobachten und Ihr persönliches Runensystem ganz allgemein zu bereichern. Auch hier ist nichts festgelegt, und das System, das für Sie das geeignetste ist, wird stets Ihr eigenes sein.

Inhalt und Struktur jeder Spalte erklären sich weitgehend von selbst. Die erste Spalte enthält die Runennamen nach den Gemeingermanischen Futhark, allerdings in einer möglicherweise unvertrauten Reihenfolge. Diese beruht auf dem Runenrad in Freya Aswynns Buch *Blätter von Yggdrasil* und beginnt mit dem nördlichen ætt dieses Rads, *Isa*, *Jera* und *Eihwaz*. Dann setzt sich die Reihe im Uhrzeigersinn fort, um schließlich im Nordwesten mit der letzten Gruppe *Wunjo*, *Hagalaz* und *Nauthiz* zu enden. Die anderen Spalten enthalten die Himmelsrichtung und die der jeweiligen Rune zugeschriebene Mondphase und können kultische Handlungen im Laufe eines Mondmonats sowie die Himmelsrichtung anzeigen, nach der sie sich ausrichten lassen, eine zu jeder der acht Himmelsrichtungen passende Tageszeit und dazu ein heidnisches Jahresfest und eine Farbe. Die Feste folgen sowohl den Himmelsrichtungen als auch ihrem Zeitpunkt im Jahreslauf. Die Farben folgen in der logischen Reihenfolge ihrer zugewiesenen Stationen und ihrer Eignung für die jeweiligen Jahresfeste.

Desweiteren finden Sie in der Übersicht auch eine Tageszeitliste (ohne Berücksichtigung der Sommerzeit), wie sie zu jeder Tagundnachtgleiche gilt, eine der Tageszeit zugeordnete Gottheit sowie die Himmelsrichtung und eine Elementzuweisung. Die Elementzuordnungen könnten sich ändern, wenn man das Eis als fünftes nordisches Element berücksichtigt. Dann würde die Erde ihren Platz im Mittelpunkt einnehmen, anstatt den Kreis zu durchlaufen, und das Eis würde die Erde dort ersetzen, wo sie in dieser Spalte vorkommt.

KULTISCHES RAHMENGERÜST 1

Rune	Bedeutung	Macht	Waffe	Tier	Vogel	Baum	Gottheit	Zeit	Farbe
ISA	Eis	Verstärkung	Skier/Schlitten	Rentier		Erle	Hella	23:00	
JERA	Jahr	Fülle	Sichel				Sif	00:00	Schwarz
EIHWAZ	Eibe	Jagd	Bogen			Eibe	Ull	01:00	
PERTHO	Vagina	Fruchtbarkeit (w)	Spindel	Frau	Reiher	Ulme	Frigg	02:00	
ALGIZ	Verteidigung	Schutz	Blashorn	Elch		Linde	Heimdall	03:00	Grün
SOWULO	Sonne	Lebenskraft	Schild		Adler	Eiche	Balder	04:00	
TEIWAZ	Sieg	Prozeßgewinn	Schwert			Hasel	Tyr	05:00	
BERKANA	Wachstum	Unternehmen		Bär	Schwan	Birke	Urd	06:00	Gelb
EHWAZ	Pferd	Bestätigung	Kasten	Pferd		Apfel	Idun	07:00	
MANNAZ	Mensch	Spezies		Mensch	Falke			08:00	
LAGUZ	Wasser	Quelle	Beil	Robbe	Möve	Weide	Njörd	09:00	Orange
INGUZ	Penis	Fruchtbarkeit (m)	Helm	Eber	Kuckuck		Freyr	10:00	
OTHILA	Erben	Anwesen	Sitz			Weißdorn	Wali	11:00	
DAGAZ	Tag	Sicherheit				Eberesche	Werandi	12:00	Rot
FEHU	Vieh	Reichtum	Halskette	Katze	Schwalbe	Holunder	Freyja	13:00	
URUZ	Auerochse	Erfolg	Schuh	Auerochse			Widar	14:00	
THURISAZ	Riese	Fehlentwicklung	Messer	Schlange		Schwarzdorn	Loki	15:00	Purpur
ANSUZ	Gott	Segen	Speer	Wolf	Rabe	Esche	Odin	16:00	
RAIDO	Donner	Reise	Hammer	Ziege		Eiche	Thor	17:00	
KAUNAZ	Unbehagen	Krankheit	Fackel		Nachteule	Föhre	Skuld	18:00	Blau
GEBO	Geschenk		Glas	Ochse			Gefjon	19:00	
WUNJO	Wonne	Trost	Trinkhorn					20:00	
HAGALAZ	Hagel	Vernichtung					Skadi	21:00	Indigo
NAUTHIZ	Not	Zügelung				Birke		22:00	

KULTISCHES RAHMENGERÜST 2

Runengruppe	Mondphase	Fest	Himmelsrichtung	Element	Tag	Festzeit
ISA JERA EIHWAZ	Neumond	Wintersonnenwende	Norden	Erde	Mittwoch	Mitternacht
PERTHO ALGIZ SOWULO		2. Februar	Nordosten	Erde/Luft	Freitag	Frühmorgen
TEIWAZ BERKANA EHWAZ	zunehmend	Frühjahrstagundnachtgleiche	Osten	Luft	Sonntag	Morgendämmerung
MANNAZ LAGUZ INGUZ		Walpurgis	Südosten	Luft/Feuer	Donnerstag	Morgen
OTHILA DAGAZ FEHU	Vollmond	Sommersonnenwende	Süden	Feuer	Samstag	Mittag
URUZ THURISAZ ANSUZ		Augustnacht	Südwesten	Feuer/Wasser		Nachmittag
RAIDO KAUNAZ GEBO	abnehmend	Herbsttagundnachtgleiche	Westen	Wasser	Dienstag	Sonnenuntergang
WUNJO HAGALAZ NAUTHIZ		Allerheiligen (Vorabend)	Nordwesten	Wasser/Erde	Montag	Abend

Nachdem wir nun ein Rahmengerüst für den kultischen Gebrauch entwickelt haben, stellt sich die Frage, wie der Kult vollzogen werden kann. Die acht Hauptfeste feiert man am besten zusammen mit anderen, seien es gute Freunde oder Mitgläubige. Das gleiche gilt auch für jedes Fest des lunaren Monats, das Sie feiern sollten; sowie, falls Sie das vorziehen, für Ihren eigenen, persönlichen »Sonntag«, ganz gleich auf welchen konkreten Wochentag er fallen mag. Die täglichen Feste wird man im allgemeinen vor einem persönlichem Schrein, einem Altar oder einer Ikone (etwa einer Skulptur, einem Gemälde oder einer Zeichnung der bevorzugten Gottheit) feiern; dazu können sie etwas Räucherwerk verwenden (Tannenharz ist leicht zu beschaffen und sehr angebracht, anders als Olibanum oder andere mediterrane oder exotische Räucherdüfte) und eine Kerze zu Ehren der jeweiligen Gottheit abbrennen.

Beispiel
Nehmen wir einmal an, daß sich jemand Skadi als Schutzpatronin ausgesucht hat. Skadi war für kurze, unbefriedigende Zeit mit Njörd verheiratet, den sie sich aussuchte, da sie ihn bei einem Wettbewerb der »schönen Füße« für Balder hielt. Sie ist die Göttin der Jagd und entspricht der griechischen Artemis oder der römischen Diana, nur daß sie in kalten Gebieten zu Hause ist.

Nehmen wir als Beispiel den September 1992, dann könnte unser Skadi-Verehrer oder unsere -Verehrerin folgendes Strukturschema für den persönlichen Kultus entwickeln:

5. Samstag	erstes Mondviertel	
7. Montag	Skadis Tag	
	geeignete Runen:	*Wunjo, Hagalaz, Nauthiz*
	Himmelsrichtung:	Nordwesten

Beginn der Feier:	Abend/21:00 Uhr
geeignete Elemente:	Wasser/Erde
Roben-/Stoffarbe:	Indigo
Mond (optimal):	abnehmend bis Neumond

12. Samstag Vollmond
14. Montag Skadis Tag
Ritual mit den am Montag (s. weiter oben) aufgeführten Gegenständen. Dies läßt sich auch an die aktuelle Mondphase anpassen.
19. Samstag letztes Mondviertel
21. Montag Skadis Tag/Herbsttagundnachtgleiche
Das Ritual für Skadis Tag sollte an diese Gelegenheit angepaßt werden, indem die dem Eintrag »Herbsttagundnachtgleiche« entsprechenden Daten aus dem Rahmengerüst berücksichtigt werden:

geeignete Runen:	*Raido, Kaunaz, Gebo*
Himmelsrichtung:	Westen
Beginn des Fests:	Sonnenuntergang/ 18:00 Uhr
geeignetes Element:	Wasser
Gottheit:	Skuld
Mondphase:	abnehmend
Roben-/Stoffarbe:	Blau

26. Samstag Neumond
28. Montag Skadis Tag

Der persönliche Kult am Tag Skadis baut auf den ihr entsprechenden Daten im Rahmengerüst auf, der tatsächliche Inhalt des Rituals wird natürlich von Mensch zu Mensch verschieden sein.

Runenanwendung heute

Runen und Heilung

Es wurden schon verschiedene Modelle entwickelt, um einigen Runen bestimmte Körperpartien zuzuschreiben, und es gibt auch keinen Zweifel darüber, daß die Runen zur Heilungsmagie verwendet wurden. Die uns zahlreich überlieferten Zauber sind der hauptsächliche Grund für diese Experimente.

Die folgende Liste unternimmt den Versuch, diesen Gebrauch auf der Grundlage der in den Eddas und Sagas enthaltenen Informationen (zusammen mit den entsprechenden Glossen der Runengedichte) zu rekonstruieren. Die Liste ist zwar theoretisch korrekt, muß sich aber medizinisch erst noch beweisen.

FEHU	Brustbereich, Atmungsbeschwerden
URUZ	Muskulatur, körperliche Kraft usw.
THURISAZ	Herz
ANSUZ	Mund, Zähne, Sprachstörungen
RAIDO	Beine und Gesäßbacken
KAUNAZ	Geschwüre, Fieber, Abszesse usw.
GEBO	Vergiftungen
WUNJO	Atmungsstörungen, allgemeine Schmerzlinderung
HAGALAZ	Wunden, Schnitte und Blutkrankheiten
NAUTHIZ	Arme
ISA	Erfrierungen, Lähmungen, körperliche Gefühllosigkeit
JERA	Darmtrakt, Verdauungsstörungen

EIHWAZ	Augenerkrankungen
PERTHO	weibliche Brüste und Genitalien, Entbindung
ALGIZ	Kopf und Gehirn, Wahnsinn
SOWULO	Verbrennungen und Hautkrankheiten
TEIWAZ	Handgelenke, Hände und Finger, Arthritis
BERKANA	verschiedene Fruchtbarkeitsstörungen
EHWAZ	Rückenschmerzen, -probleme und -erkrankungen
MANNAZ	Füße und Fußknöchel, Zerrungen
LAGUZ	Nieren- und Harntrakterkrankungen und -beschwerden
INGUZ	Erkrankungen und Beschwerden der männlichen Genitalien
OTHILA	Erbkrankheiten und erblich bedingte Behinderungen
DAGAZ	Angstzustände, Geistesstörungen und Niedergeschlagenheit

Runen und Meditation

Wenn Sie Einzelrunen, Binderunen, Runenwörter und Inschriften für die Meditation und Pfadarbeit verwenden, kann sich das als äußerst gewinnbringend erweisen. Wenn Sie erst einmal Ihren eigenen Satz Runenkorrespondenzen erstellt haben, sei es auf der Grundlage der oben vorgeschlagenen kultischen Rahmengerüste oder aufgrund eigener, persönlicher Forschungen, wird jede Einzelrune oder Runensequenz eine ganze Reihe von Vorstellungen oder Konzepten in Ihnen wachrufen, die, zur Meditation verwendet, Ihr Wissen mit Sicherheit erweitern werden. Das läßt sich auf verschiedene Weise erreichen. Eine Methode besteht ganz einfach darin, die Rune und die damit zusammenhängenden Symbole in der Meditation zu visualisieren. Sie können aber auch eine Pfadarbeit um dieses Symbol herum entwickeln, was Ihnen zu einem tieferen Verständnis seiner Bedeutung verhelfen wird. Die Pfadarbeit sollten Sie vorher planen und sie entweder schriftlich festhalten, damit ein Partner sie Ihnen vorlesen kann; oder Sie sprechen bestimmte Schlüsselwörter in entsprechenden zeitlichen Abständen auf Band, um sich selbst an die Weiterführung dieser Erfahrung zu erinnern. Eine dritte Methode besteht darin, die Rune als Sigill zu nutzen und ihre Kraft zur Erlangung eines meßbaren Vorteils einzusetzen.

Bei einer weiteren Herangehensweise nehmen Sie sich entweder eine Einzelrune oder eine ganze Reihe vor und stellen fest, welche Beziehung sie zu Ihnen persönlich hat. Dazu könnten Sie beispielsweise die numerologischen, symbolischen und persönlichen Zuordnungen untersuchen. Bei diesem Gebrauch der Runen sind Ihrer Phantasie keine Grenzen gesetzt.

Runen im Alltag

Die eckigen Runenformen finden sich in vielerlei Masken überall in unserer Umgebung. Wenn Sie sich beispielsweise einen Reiseprospekt anschauen, werden sie dort vielleicht den Namen »Griechenland« in eckigen Buchstaben geschrieben sehen. Auf der Fahrt zur Arbeit sehen Sie möglicherweise moderne Gebäude, die nach runischen Prinzipien konstruiert wurden, oder sogar Fachwerkhäuser mit Balken, die Runenmuster bilden. In der alten Literatur des Nordens finden sich zahlreiche Gedichte, die auf die Runen Bezug nehmen. Zeitlich näher steht uns beispielsweise W. H. Auden, zweifellos einer der größten englischen Dichter überhaupt, den das Nordische faszinierte, Island ganz besonders, und der zahlreiche Gedichte aus der Edda übersetzt hat.

Die Runen sind möglicherweise sehr viel präsenter in unserer Umgebung, als wir das normalerweise wahrnehmen würden. Und manchmal bedarf es einer gewissen Mühe, sie auszumachen. Wenn wir uns jedoch diese Mühe machen, werden wir noch mehr Nutzen aus den Runen ziehen können. Alles, was dem Menschen zu leicht fällt, erscheint ihm wertlos.

Natürlich können Sie nicht in der Lotterie gewinnen, wenn Sie keinen Schein ausfüllen. Und selbst wenn Sie das tun, gibt es keine Garantie dafür, daß es auch funktionieren wird, nur weil Sie *Fehu* anstelle eines Kreuzes eintragen. Dennoch können einige einfache Kombinationen von Runen und Zahlenreihen nachhaltigste Wirkung auf Ihr Leben haben. Die Zahlen Drei und Acht sind als Gewinnzahlen bekannt, so wankelmütig das Schicksal auch sein mag, und wenn Sie die richtigen Runen in die richtige Zahlenfolge bringen, könnten Sie Ihrem Leben damit eine gänzlich andere Richtung geben.

Runen, Sigillen und Schamanismus

Die Verbindung eines magischen Systems wie dem der Runen mit einer auf den ersten Blick weitaus weniger formalisiert wirkenden Praxis wie dem Schamanismus mag zunächst etwas unwahrscheinlich wirken. Der gemeinsame Nenner scheint lediglich darin zu bestehen, daß beide Herangehensweisen über keinerlei vorführbare logische oder wissenschaftliche Grundlage verfügen. Beide scheinen einer vergangenen Zeit anzugehören und nicht etwa einer lebendigen Gegenwart mit ihren drängenden Problemen und ihrem Bedarf an stromlinienförmiger, computerisierter Effizienz.

Und doch gibt es sowohl Ähnlichkeiten als auch Möglichkeiten der Integration. Die Runen selbst stammen, wie wir gesehen haben, aller Wahrscheinlichkeit nach von einem norditalischen Alphabet ab und besitzen Merkmale, wie man sie auch im griechischen und lateinischen Alphabet findet, was sie historisch gesehen in einer Parallelentwicklung mit dem Gnostizismus verbindet. Es gibt auch gute Gründe für die Annahme, daß die Runenkunst Einfluß sowohl auf die mittelalterlichen Goetien (dieser Begriff meint wörtlich »Geheul« und beschreibt im allgemeinen die zauberische, auf der Kabbala beruhende Magie der Grimoarien oder Zauberbücher) als auch auf die davon unabhängigen, aber verwandten Traditionen des Hexenkults und der Zauberei hatte. Darüber hinaus haben die Runen wohl auch einiges zu jener allgemeinen Entwicklung beigetragen, die – wenn auch nur beiläufig und als ein rein teutonisches Phänomen – zur Gründung der Sekte der Bayerischen Illuminaten im 18. Jahrhundert führte.

Ähnliches gilt auch für den Austausch von Ideen und Techniken der Zauberei, wobei die nordischen Methoden die Praxis ebenso durchdrangen, wie sich im umgekehrten Fall das SATOR-Quadrat bereits im 13. Jahrhundert in Runenfassungen findet. Und die schamanischen Wurzeln der nordischen Magiepraxis zu ignorieren, würde bedeuten, ihren Einfluß zu leugnen.

Die Runen waren nie eine Kursivschrift und wurden während ihrer ganzen Geschichte epigraphisch benutzt, mit Ausnahme einiger scholastischer Übungen, die heute nur noch von geringem Wert sind, wie schon zur Zeit ihrer Niederschrift im 12.–13. Jahrhundert. Daraus folgt, daß alle Unterweisungen mündlich stattfanden und auf dieselbe Art bewahrt und ergänzt wurden, was natürlich eine beträchtliche Gedächtnisleistung erforderte.

Die Bemeisterung der Gedankenkontrolle wird mit einer Vielzahl von Methoden erreicht, die sowohl von heutigen Runenmagiern als auch von Schamanen angewendet werden. Bewegungslosigkeit und Atemkontrolle bilden die

Grundlagen des *útiseta*, des »Aussitzens«, mit dem sowohl der Runenmagier als auch der Schamane von der normalen Alltagswelt ausgegrenzt wird. Das sich daraus entwickelnde »Nicht-Denken« hat für Runenmagier und Schamanen den gleichen Wert, denn es befreit Körper und Geist und führt zu jener magischen Trance, deren es bedarf, um die neun Welten der nordischen Schöpfung zu erkunden.

Die Konzentration auf einen Gegenstand stellt ebenfalls eine Grundanforderung an den ernsthaften Runenmagier und Schamanen dar. Während das für den Schamanen ein Fleck an der Wand sein kann, ein Gegenstand in der Ferne, ein Stern am Nachthimmel und so weiter, operiert der Runenmagier immer mit einer Rune und ihren Korrespondenzen und Verflechtungen.

Die eckige, spitze Gestalt der Runen, die ja eher geritzt oder geschnitten als geschrieben wurden und uns, die wir an die Bögen und rechten Winkel unseres eigenen Alphabets gewöhnt sind, fremdartig erscheint, hebt sie deutlich von der normalen Schreibschrift ab, wie das auch bei schamanischen Symbolen und, in unserem Jahrhundert, etwa beim »Alphabet des Wollens« von Austin Osman Spare der Fall ist. Der Vorzug der Runen besteht darin, daß sie keines Gegenmittels bedürfen, um das Ungleichgewicht zu kontern, das durch den Eintritt in eine magische Trance entstehen kann, weil nämlich alle erdenklichen Nebenwirkungen sofort aufgehoben werden, wenn das Einzelsymbol auf seine Position im Futhark zurückkehrt.

So nützlich die Runen als Hilfsmittel für die Meditation auch sein mögen, im Kern stellen sie ein magisches System dar, das aus vierundzwanzig Werkzeugen besteht, die allein oder in Verbindung miteinander als Worte, Sequenzen oder Sigillen verwendet werden können, um spezifische, gewünschte Wirkungen herbeizuführen. Selbst die Sigillenkonstruktion, wie sie ursprünglich von Austin Osman Spare erläutert wurde, bekommt eine ungewohnte Leichtigkeit, die sich als illusionär erweisen könnte, wenn man dazu die Runen verwendet.

Runenkodes

Die Einteilung des Futhark in *aettir* hat zu verschiedenen Varianten chiffrierter oder kodierter Runenformen geführt, die es dem Runenschreiber ermöglichten, seine Botschaft vor Menschen zu verbergen, die vielleicht die ursprünglichen Symbole kennen mochten, nicht aber über den Schlüssel zu seinem Kode verfügten. Die übliche Methode bestand darin, entweder einen schlichten senkrechten Stab oder auch eine einfache Skizze eines Gegenstandes zu beiden Seiten mit Strichen zu versehen, um das *aett* und die Stellung des Buchstabens innerhalb desselben darzustellen. Zum Beispiel:

Eine andere Methode bestand darin, ein bärtiges Gesicht zu zeichnen und die die Barthaare darstellenden Striche zu variieren, um die Position und das *ætt* jeder dargestellten Rune anzuzeigen (im Beispiel wird das englische Wort *beard*, Bart verwendet).

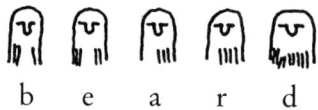

Ferner konnte man zu mindestens drei verschiedenen Zwecken Binderunen benutzen:

1. als Kurzschrift, bei der zwei Nachbarrunen auf demselben Senkrechtstrich verbunden wurden, um Zeit oder Platz zu sparen;

2. zur Chiffrierung, um jene zu verwirren, die mit diesem Prozeß nicht vertraut waren, und so dafür zu sorgen, daß die Inschrift nicht richtig verstanden wurde;

3. zu magischen Zwecken, um sicherzustellen, daß die ersten beiden Anliegen miteinander kombiniert wurden, der Zauber selbst aber ein Geheimnis und damit mächtig blieb.

Eine weitere gängige Praxis bestand darin, Einzelrunen als Namensworte zu verwenden oder auch als Abkürzung für andere Wörter, und zwar sowohl in profanen als auch in magischen Inschriften. Ein Beispiel dafür kennen wir vom Brakteat aus Poznan in Polen, wo die Inschrift »Weise Rune[n]« folgendermaßen aussieht:

s   a   b   a   r

Dabei bedeutet *saba* »der Weise« und »r« meint Rune[n]«

Ein weiteres Beispiel für den Gebrauch zweier Initialen als Wörter und als Binderune ist die Kombination der beiden Begriffe *Gibu* und *Auja*, wie sie oben als chiffrierte Rune abgebildet ist. Zusammengenommen bedeuten die beiden »[ich] gebe Glück«, und wir kennen zahlreiche Funde, die sowohl zu einem Symbol verbundene Initialen in der hier dargestellen Form aufweisen als auch die voll ausgeschriebenen Begriffe wiedergeben.

Runen und Kabbala

Wer sich für die Runen interessiert, hat höchstwahrscheinlich wenn auch nur flüchtig, bereits mit dem Thema Magie und Selbstentfaltung zu tun gehabt, und auch der Begriff »Kabbala« gleich in welcher Schreibweise, wird ihm nicht völlig fremd sein. Bei der Kabbala handelt es sich um ein mystisches Denksystem, welches das Universum mit Hilfe eines Grunddiagramms, dem sogenannten »Baum des Lebens«, und den Buchstaben des hebräischen Alphabets kartographiert. Die Buchstaben dienen als Schlüssel, auf denen eine ganze Sammlung von Korrespondenzen basiert, wozu beispielsweise Gottheiten, Duftstoffe, Gegenstände, Pflanzen, Tiere und so weiter gehören. Dergleichen ist auch für die Runen möglich, die mit dem hebräischen Alphabet eine Eigenschaft gemeinsam haben: Jeder Buchstabe hat seinen eigenen Namen mit eigenem Sinninhalt. So bedeutet beispielsweise das hebräische G, *Gimel*, »Kamel«, und das runische G ist *Gebo*, »Geschenk«. Es gibt noch eine weitere, wenn auch etwas unterschwelligere Ähnlichkeit. Sie besteht darin, daß die Kabbala sich des Lebensbaums bedient, während die nordische Mythologie um die Weltenesche Yggdrasil kreist.

Hier enden die Gemeinsamkeiten allerdings auch schon, was ebensosehr an den klimatischen Unterschieden liegen mag, in denen die beiden Kulturen entstanden, wie an anderen Faktoren. Die Hebräer lebten in der Wüste, während die nordischen Völker in einer sehr viel kälteren, aber gleichermaßen feindseligen Umgebung lebten.

Wicca

Wenn wir die Rolle der Zahl Acht in der Runenkunst richtig würdigen wollen, müssen wir uns noch kurz mit einem weiteren System befassen, nämlich dem achtspeichigen Rad des Wicca. Der größte Teil der heute in Erscheinung tretenden Wicca-Gruppen gehört entweder zur Richtung der *Alexandrians* oder zu den *Gardnerians*. Beide, im 20. Jahrhundert entstandenen, Bewegungen sind Ableger einer Tradition, die sehr viel weiter zurückreicht und von den *Hereditaries* und den traditionellen Schulen vertreten wird, die im heutigen England höchst real vorhanden sind. Anders als die beiden letzteren Richtungen, sind sie gesellschaftlich in Erscheinung getreten und (seit der Entstehung interner Häresien) so gut wie austauschbar geworden.

Das führt uns allerdings nicht allzu weit von unserem Thema ab, da Alexandrians wie Gardnerians in den letzten Jahren eifrig darum bemüht waren, ihre Respektabilität und Legitimation zu konsolidieren und zu diesem Zweck sogar ein gewisses Maß an Zusammenarbeit und gegenseitiger Durchdringung zugelassen haben. In der Unzahl der Werke über diese beiden Richtungen finden sich auch eine Reihe achtspeichiger Kreisdiagramme, die in der Regel folgendes beinhalten:

Feste	Handlung	Magische Waffen
Lichtmeß	Drogen und Wein	Brot
Frühjahrstagund-nachtgleiche	Tanz	Stab/Stock
Beltane	Großer Ritus	Räucherwerk
Sommersonnenwende	Zauber und Riten	Athamen/Messer

Lammas	Geißel	Wein
Herbsttagund-nachtgleiche	Fesseln	Kelch/Becher
Samhain	Meditation	Öl
Wintersonnenwende	Trance	Pentakel/Teller

Natürlich handelt es sich hierbei um eine Synthese, die auch manches ausläßt. Aber das Beispiel kann durchaus zur Veranschaulichung dienen, wenn man mit dem Konzept einer Einteilung des Jahreskreises in acht Abschnitte noch nicht vertraut sein sollte.

Die Zukunft der Runen

Die gegenwärtige Renaissance der nordischen Tradition, deren tragende Säule die Runen zweifellos stets bleiben werden, ist zwangsläufig ein fortwährender Entwicklungsprozeß. Die Mythen um die sogenannten Armanenrunen, die von Guido von List und anderen sogar noch in unserer Zeit vertreten wurden, sind angesichts der Belege der Forschung und der Archäologie völlig unhaltbar geworden und fristen ihr Dasein nur noch in den Werken einiger irregeleiteter Autoren als Kuriositäten, ähnlich den mittelalterlichen Runenmanuskripten.

Rat und Führung

Die gewichtige Rolle, die der alten nordischen Kultur heute bleibt, ist die der Führung. In Gedichten wie dem *Hávamál* gibt es einen reichen Schatz an Überlieferungen zu erforschen und zu entdecken, und vieles davon ist noch heute hochaktuell. So finden wir darin beispielsweise eine Reihe von Versen mit klugen Ratschlägen, darunter auch die folgenden:

> Achtsam sei, doch nicht zu achtsam:
> trink nie Äl im Übermaß;
> achtsam vor des andern Weib
> und vor der Liebe List.

> Mit wackerm Mann ist wacker reden,
> find in ihm den festen Freund:

kein Wort vergeud' auf hohlen Tropf,
an Torheit Tisch nimm niemals Platz.

Es gibt noch viele weitere, die auch heute noch Gültigkeit
besitzen, wenn wir über ihre archaische Sprache hinweg-
sehen können. Diese beiden angeführten Beispiele warnen
vor Trunkenheit, davor, mit den Ehefrauen anderer anzu-
bändeln, auf Täuschung hereinzufallen und sich die falschen Leute als Freunde auszusuchen. Viele der anderen
Gedichte und Erzählungen aus den Eddas und Sagas enthalten außerdem wichtige Hinweise, die uns bei den
grundlegendsten Angelegenheiten unseres profanen All-
tags behilflich sein können.

Religion

Die alte Religion des Nordens ist auch heute noch präsent.
In wiederbelebter Form ist sie seit mittlerweile fast zwei
Jahrzehnten offizielle zweite Staatsreligion in Island und
hat sich auch in so unterschiedlichen Ländern wie Skandinavien und den Vereinigten Staaten manifestiert. *Asatrú*
(»die Wahrheit oder Treue der Asen«) gehört heute zu den
meistverbreiteten heidnischen Religionen des nördlichen
Europa, die Britischen Inseln eingeschlossen.

Das nordische Heidentum ist nachweislich älter als der
Wicca-Kult. Letzterer bewahrt zwar viele seiner Lehren;
da er aber gezwungen war, in den Untergrund zu gehen,
ohne daß seine ursprünglichen Schriften erhalten blieben,
ist er den meisten heutigen Menschen nur noch in jener
Form zugänglich, in der ihn Gerald Gardner mit bezahlter
Hilfe von Aleister Crowley im Zweiten Weltkrieg wieder-
herstellte.

Die wenigen, denen seine Lehren durch Familienüberlieferung (*hereditaries*) bekannt sind, sprechen nicht darüber.

Ebensowenig tun das die traditionellen Coven, von denen Gardner sein Material bezog.

In England wird das nordische Heidentum als existente Glaubensform von mehreren gemeinnützigen Organisationen vertreten. Für weitergehende Informationen nehmen Sie am besten unter folgender Adresse Kontakt mit dem *Odinic Rite* (»Odinistischer Ritus«) auf:

B M Edda
London WC1N 3XX

Eines der besten Foren für Unterweisung in Sachen Odinismus, Asatrú oder wie immer man die alte Religion des Nordens in diesem Land nennt, ist der von Freya Aswynn geleitete *Asatrú Folk Runic Workshop*. Er bietet einen Fernlehrgang zu den Runen und den Nordischen Mysterien an, der weit über das in diesem Buch behandelte Material hinausgeht. Wer sich dafür interessiert, sollte einen selbstadressierten Umschlag mit Rückporto (Internationale Antwortscheine) an folgende Adresse senden:

B M Aswynn
London WC1N 3XX

Sie können aber auch versuchen, den alten Glauben durch das Studium der Eddas und Sagas selbst zu erforschen und mit gleichgesinnten Freunden (ein Widerhall der oben aufgeführten Verse aus dem *Hávamál*!) zu eigenen Schlußfolgerungen finden. Für viele Menschen dürfte dies wohl die beste Alternative sein, da sie ihnen Zugang zum ursprünglichen (wiewohl an manchen Stellen christlich gefärbten) Material und dadurch die Rekonstruktion jener Aspekte des Glaubens ermöglicht, derer sie bedürfen. Auch wenn ich selbst gegenwärtig keinen Unterricht in Runenkunde gebe und nicht für andere Runen werfe, bin ich bereit, etwaige Fragen zu beantworten. Bitte richten Sie Ihre Zuschriften an den Verlag dieses Buchs.

Was mich persönlich betrifft, so ist es mir seit jener heftigen, stürmischen Nacht, da ich im Jahre 1963 die Macht des Odin erfuhr, unmöglich geworden, mich zu irgendeinem anderen Glauben zu bekennen. Die alten Götter leben, sie sind wohlauf und wohnen um mich herum in jedem Baum und Stein und Bach und Feld. Meine Heimatstadt war einst Verwaltungszentrum des Dänenrechts, und ich habe meine Tradition aus demselben Boden gezogen, auf dem ich heute stehe.

Die Ragnarök

Es bleibt noch eine letzte Bemerkung zu den berühmten Ragnarök, der sogenannten Götterdämmerung, die in den Eddas und Sagas allerdings nur als Prophezeiung erwähnt wird. In dem Gedicht *Der Seherin Gesicht* (*Völuspá*) spricht eine *Wölwa* zu Odin davon.

Angesichts der Macht der Götter und eingedenk der Tatsache, daß Odin ein Auge für ein Wissen opferte, das größer ist als das aller Sterblichen, gibt es keinen Grund zu der Annahme, daß er keine Möglichkeit gefunden haben sollte, seiner eigenen Vernichtung zu entgehen. Als Island am 4. Juni 1000 zum Christentum konvertierte, war dies im wesentlichen ein Akt des Pragmatismus. Er diente der Rettung der isländischen Geiseln, die von dem norwegischen Christenkönig Olaf Tryggveson gefangengehalten wurden, der mit ihrer Tötung drohte, sollte es nicht zur Bekehrung kommen. Olaf ist heute nur noch ein Name aus der Geschichte, er kam noch im selben Jahr in einer Seeschlacht ums Leben, während Odin und die anderen wieder offiziell in ihr Heim zurückgekehrt sind. Angesichts dessen können wir die Macht und Bedeutung des Alten Glaubens des Nordens schwerlich leugnen, sowohl was vergangene als auch was unsere heutigen Zeiten angeht.

Glossar

Asen: Gattungsbezeichnung altnordischer Götter, deren Familie Odin als Patriarch vorsaß. Einzahl: Ase.

Ætt/Ættir: *ætt* ist Singular, *ættir* Plural. Ein *ætt* war eine von insgesamt drei Buchstabengruppen, aus denen sich das Runenalphabet zusammensetzte. Das Gemeingermanische Futhark bestand aus drei Gruppen oder *ættir* zu je acht Runen.

Allvater: Ein Titel des Odin.

Asatrú: isländische Bezeichnung für »Glaube an die Asen«.

Asgard: das Heim der Asen. Es enthielt viele von den Göttern und Göttinnen bewohnte Paläste sowie Walhall, den »Saal der Gefallenen«, wohin die toten Krieger verbracht wurden.

Aswid: Herrscher der Riesen.

Auerochse: ausgestorbenes Wildrind Europas, zum letzten Mal wurden lebende Exemplare im Jahre 1627 gesichtet. Cäsar beschreibt den Auerochsen als sehr groß und wild.

Bestla: Odins Mutter. Der Name wurde bisher noch nicht zufriedenstellend übersetzt.

Bölthorn: wörtlich »Böser Dorn«, ein Riese und Großvater Odins.

Brakteat: kleines Medaillon aus Edelmetall, meist einer antiken Münze gleichend.

Dain: Herrscher der Alben.

Delling: wörtlich »Morgentau«, die Morgendämmerung.

Deosil: Bewegung im Uhrzeigersinn, also mit der Sonne.

Dwalin: Herrscher der Zwerge.

Edda (Eddas): Es gibt zwei Sammlungen altnordischer Texte, die als Eddas bekannt sind. Die »Prosaedda« ist das Werk des Snorri Sturluson, das er vor 1235 verfaßte. Er war zweimal Rechtssprecher von Island, bis er aus politischen Gründen im Jahre 1241 ermordet wurde. Die »Lieder«- oder »Ältere Edda« ist eine Sammlung von Helden- und Mythengedichten, von denen sich einige bis etwa 900 zurückverfolgen lassen. Beide bieten faszinierenden Lesestoff.

Galdr: eine der beiden Hauptformen nordischer Magie. Galdr war die Magie der Reime und Beschwörungen, die Verbindung von Dichtung mit Runenkunst usw. Es war die Magie der Asen im Gegensatz zu der der Wanen.

Hällristningar: In ganz Skandinavien gefundene Felsritzungen der Bronzezeit, meist als Vorläufer der Runensymbole betrachtet.

Hávamál: Gedicht aus der *Älteren Edda*, angeblich von Odin selbst verfaßt. Ein Abschnitt daraus, der unter der Bezeichnung *Runatál* (*Odins Runenlied*) bekannt ist, birgt einen Großteil der erhaltenen Runenkunde.

Heimskringla: Buch von Snorri Sturluson, das die Geschichte der Könige Norwegens von der frühesten (mythischen) Zeit bis 1177 schildert.

Hvitakrist: wörtlich »Weißchrist«, Begriff, mit dem christliche Missionare den neuen Gott umschrieben, der unaufhaltsam von Süden nach Skandinavien vordrang.

Loddfafnir: Skalde oder Dichter, für den Odin im *Runatál* singt.

Midgard: das materielle Universum, das vom Menschen bewohnt wird.

Mönchsalphabet: das durch christliche Mönchsmissionare in den Norden gebrachte Alphabet.

Neun Welten: die Weltenesche Yggdrasil umfaßt die gesamte Schöpfung, die aus neun Welten besteht. Diese sind: Asgard, Hel (die nordische Unterwelt, nicht zu verwechseln mit der christlichen Hölle), Jötunheim (Riesenheim), Alfheim (Lichtalbenheim), Midgard, Muspellheim (Feuerwelt), Niflheim (Nebelheim), Schwarzalbenheim und Wanenheim.

Nid: Beleidigung, zugleich Fluch. Nid war das schlimmste, das man einem Nordmenschen antun konnte. Egil Skallagrimson stellte einen »Nid-Pfahl« auf, um Erik Blutaxt magisch aus Norwegen zu vertreiben.

Norne: eine der drei Schicksalsgöttinnen der nordischen Mythologie (Urd, Verdandi und Skuld), die für Vergangenheit, Gegenwart und Zukunft stehen.

Odrörir: der Skaldenmet, den Odin Suttungs Tochter stahl.

Ortband: Borte oder Verzierung, gewöhnlich mit eigener Funktion. So verziert ein Degen-Ortband beispielsweise den Degen und verhindert gleichzeitig, daß die darin enthaltene Waffe das Leder durchschneidet.

Oster: einer der vier Zwerge, die in der nordischen Mythologie den Himmel hochhalten. Sein Name bedeutet »aus dem Osten«. Die anderen drei waren Norder, Süder und Wester.

Primsigning: Abmachung, über die Taufe zum Christen nachzudenken, in die Nordmänner einwilligten, um mit christlichen Gemeinschaften Handel treiben zu können.

Ragnarök: das »letzte Geschick«, meist gedeutet als Götterdämmerung, bei der das alte nordische Pantheon nach heftigem Kampf mit seinen Feinden untergeht. Zwar hat es viele Spekulationen darüber gegeben, wann oder ob sie stattfanden, doch existieren sie in der nordischen Literatur nur als Prophezeiung.

Runatál: *Odins Runenlied*, siehe *Hávamál*.

Saga(s): bei den Sagas handelt es sich um Familiengeschichten oder Romane, meist im Mittelalter von isländischen Autoren verfaßt, in denen sich zahlreiche Informationen über Glauben, Lebensart und Sitten der heidnischen Zeit finden.

Seid: die Magie der Wanen, wie Odin sie von Freyja lernte. Da sie auf einschränkenden Trancezuständen basierte, galt es für Krieger als »unmännlich«, sie zu praktizieren.

Sigrdrífumál: Gedicht aus der *Älteren Edda*, in dem eine Walküre dem Helden, der sie rettet, Zauber offenbart.

Skalde: altnordisches Wort für Dichter.

Sonnenwende: der längste oder kürzeste Tag des Jahres.

Tagundnachtgleiche: Die Tage im Jahr, an denen Tag und Nacht gleich lang sind.

Thjodrörir: Zwerg; beiläufig in einem der Zauberlieder des *Runatál* erwähnt.

Thund: Name Odins.

Völuspá: Gedicht aus der *Älteren Edda*, in dem eine Wölwa auf Odins Befehl die *Ragnarök* prophezeit.

Wanen: die altnordischen Götter und Göttinnen der Familie um Njörd, Freyr und Freyja. Im allgemeinen etwas sanfter und mehr mit Fruchtbarkeitsfragen befaßt als die Asen.

Wölwa: Seher, meist weiblichen Geschlechts, und Vertreter der *Seid*.

Wyrd: häufig verwendete angelsächsische Form des altnordischen Konzepts vom *Örlög*, »Schicksal, Untergang, Bestimmung«

Yggdrasil: die Weltenesche der nordischen Mythologie, die die *Neun Welten* und alle ihre Bewohner umfaßt.

Weiterführende Literatur

Antonsen, Elmer H: *A Concise Grammar of the Older Runic Inscriptions*, M. Niemeyer, Tübingen 1975

Aswynn, Freya: *Blätter von Yggdrasil. Runen, Götter, Magie, Nordische Mythologie & Weibliche Mysterien*, Edition Ananael, Wien 1991

Branston, Brian: *Götter und Helden der Winkinger*, Tessloff, Nürnberg 1979

Dumézil, Georges: *Mythos und Epos. Die Ideologie der drei Funktionen in den Epen der indoeuropäischen Völker*, Campus, Frankfurt/M. 1989

Golther, Wolfgang, Handbuch der Germanischen Mythologie, Phaidon, Essen, 2. Aufl. 1990

Haugen, Einar: *Die skandinavischen Sprachen. Eine Einführung in ihre Geschichte*, Helmut Buske, Hamburg 1984

Horrmann, Paul: *Nordische Mythologie*, Aufbau TB, Berlin 1992

Howard, Michael: *Magie der Runen*, Sphinx, Basel, 2. Aufl. 1987

Metzner, Ralph: *Der Brunnen der Erinnerung. Von den mythologischen Wurzeln unserer Kultur*, Aurum, Braunschweig 1994

Mudrak, Edmund (Hg): *Nordische Götter- und Heldensagen*, Ensslin & Laiblin, Enningen o.J.

Page, R. I.: *Nordische Mythen*, Ph. Reclam, Ditzingen 1993

Pennick, Nigel: *Das Runenorakel*, Droemer Knaur, München 1990

Pennick, Nigel: *Spiele der Götter. Die magischen Ursprünge der Weissagung*, Walter, Düsseldorf 1991

Reuter, Otto S.: *Germanische Himmelskunde. Untersuchungen zur Geschichte des Geistes*, Verlag der Manufaktur, Horn-Bad Meinberg 1993

Reuter, Otto S.: *Das Rätsel der Edda,* Verlag der Manufaktur, Horn-Bad Meinberg 1993

Simrock, Karl: *Die ältere Edda,* Adolf Schleipfer, Köln 1983

Spare, Austin Osman: *Das Buch der Ekstatischen Freude,* Petra Schulze, Bergen o.J.

Sturluson, Snorri: *Prosa-Edda. Altisländische Göttergeschichten,* Manesse, Zürich 1991

Szabó, Zoltán: *Buch der Runen. Das westliche Orakel,* Droemer Knaur, München, Neuauflage 1992

Tacitus: *Germania,* C. Bange, Hollfeld o.J.

Tacitus: *Leben des Julius Agricola,* C. Bange, Hollfeld o.J.

Tegtmeier, Ralph: *Runen - Alphabet der Erkenntnis,* Urania, Neuhausen a. Rheinfall 1988

Thorsson, Edred: *Handbuch der Runenmagie,* Urania, Neuhausen a. Rheinfall, 2. Aufl. 1992

Thorsson, Edred: *Runenkunde. Ein Handbuch der esoterischen Runenlehre,* Urania, Neuhausen a. Rheinfall, 2. Aufl. 1992